はしがき

令和5年度税制改正大綱が令和4年12月16日に与党から公表され、同月23日に政府により閣議決定されました。

個人所得課税においては、「資産所得倍増プラン」の実現に向けたNISAの抜本的拡充・恒久化が行われます。また、持続可能な経済社会の実現のためスタートアップ・エコシステムの抜本的強化として、スタートアップへの再投資に対する非課税措置の創設などが行われます。

資産課税においては、資産移転の時期の選択により中立的な税制の構築のために、相続時精算課税制度の見直し、生前贈与加算の加算期間等の見直しが行われます。また、中小企業の生産性の向上や経営基盤の強化を目的として、生産性向上や賃上げに資する設備投資の特例措置が設けられます。

法人課税においては、M&Aに対応できるよう、オープンイノベーション促進税制の拡充が行われます。また、企業の研究開発投資の規模拡大や質の向上を目的として、研究開発税制の見直し・延長が行われます。この他、特定の資産の買換えの場合等の課税の特例について、譲渡資産と買換資産の組み合わせについて、一定期間内に届け出が必要になるなどの改正が行われます。

消費課税においては、インボイス制度導入の際の、小規模事業者に対する納税額の負担軽減措置、中小・小規模事業者等の事務負担の軽減措置、少額な返還インボイスの交付義務の免除などが行われます。

納税環境整備においては、電子取引のデータ保存制度の見直しなどが行われます。

これら税制改正の具体的な内容を図表等で、わかりやすく解説を加えました。ぜひ皆様の経営や資産運用にお役に立てていただければ幸いです。

最後に、本書は平成12年より「税制改正の実務ポイント」として、お客様へのサービスの一環で毎年自費出版しておりましたが、平成27年からは「図解　税制改正のポイント」として、新日本法規出版から出版されることとなり、今回で9度目の刊行となりました。つきましては、本書の刊行にご尽力いただきました新日本法規出版の関係者の皆様に御礼申し上げます。

令和5年3月
税理士法人名南経営　理事長　　安藤　教嗣

目　次

令和5年度税制改正の概要

個人所得課税関係

資産課税関係

法人課税関係

目次

国際課税関係

消費課税関係

納税環境整備等

その他

略語表　編集・著者

＜ 略　語　表 ＞

所法	：	所得税法
法法	：	法人税法
相法	：	相続税法
消法	：	消費税法
国通法	：	国税通則法
措法	：	租税特別措置法
地法	：	地方税法
改正法	：	所得税法等の一部を改正する法律（令和5年法律）
改正地法	：	地方税法等の一部を改正する法律（令和5年法律）
平成28年改正法	：	所得税法等の一部を改正する法律（平成28年法律第15号）

【編集】　税理士法人名南経営
【著者】　大野真平　木村健一　佐竹善安　寺田将之　早水僚一
古里貴洋　水谷純也　向山勇気　毛利宜功　六谷秀生
和田貴志

＜政省令等の情報について＞

本書発行後の改正政省令等による追加情報について、新日本法規WEBサイトに掲載する予定です。

新日本法規　Web　で検索してください。

「令和5年度税制改正」の概要と主要項目

○ 個人所得課税においては、「資産所得倍増プラン」の実現に向けたNISAの抜本的拡充・恒久化が図られる。また持続可能な経済社会の実現のためスタートアップ・エコシステムの抜本的強化として、スタートアップへの再投資に対する非課税措置の創設などが行われる。さらに公平で中立的な税制の実現のため、極めて高い水準の所得に対する負担の適正化のための措置も行われる。
○ 資産課税においては、資産移転の時期の選択により中立的な税制の構築のために、相続時精算課税制度の見直し、生前贈与加算の加算期間等の見直しが行われる。また、中小企業の生産性の向上や経営基盤の強化を目的として、生産性向上や賃上げに資する設備投資の特例措置が設けられる。
○ 法人課税においては、M&Aに対応できるよう、オープンイノベーション促進税制の拡充が行われる。また、企業の研究開発投資の規模拡大や質の向上を目的として、研究開発税制の見直し・延長が行われる。
○ 消費課税においては、インボイス制度導入の際の、小規模事業者に対する納税額の負担軽減措置、中小・小規模事業者等の事務負担の軽減措置、少額な返還インボイスの交付義務の免除などが行われる。
○ 納税環境整備においては、電子取引のデータ保存制度の見直しなどが行われる。
○ 上記のほか、防衛力強化に係る財源確保のための税制措置が、令和6年以降、法人税・所得税・たばこ税において行われる。また、与党税制改正大綱において、マンションの相続税評価についても見直すこととされている。

【個人所得課税】
○ NISAの抜本的拡充・恒久化
○ スタートアップへの再投資に対する非課税措置の創設

【資産課税】
○ 相続時精算課税制度の見直し
○ 生前贈与加算の加算期間等の見直し

【納税環境整備】
○ 電子取引に係る電子データ保存制度の要件の見直し

【法人課税】
○ オープンイノベーション促進税制の拡充
○ 研究開発税制の見直し・延長
○ 中小企業者等の優遇税制の見直し・延長
○ 医療用機器等の特別償却制度の見直し・延長

【消費課税】
○ 小規模事業者に対する納税額の負担軽減措置の創設
○ 中小・小規模事業者等の事務負担の軽減措置の創設
○ 少額な返還インボイスの交付義務の免除

NISAの抜本的拡充・恒久化①

減税

ポイント

○ つみたてNISAの勘定設定期間は令和5年12月31日までとする。
○ 非課税保有期間を無期限化するとともに、口座開設可能期間については期限を設けず、恒久的な措置とする。
○ 年間投資上限額を拡充し、一定の投資信託を対象とする長期・積立・分散投資の枠「つみたて投資枠」については、年間投資上限を120万円（改正前：40万円）に拡充する。加えて上場株式等への投資が可能な改正前の一般NISAの役割を引き継ぐ「成長投資枠」を設けることとし、「つみたて投資枠」との併用を可能とする。「成長投資枠」の年間投資上限額については240万円（改正前：120万円）に拡充する。
○ 年間投資上限額とは別に、一生涯にわたる非課税限度額を設定することとし、その総額については、1,800万円とする。また「成長投資枠」については、その内数として1,200万円とする。
○ 「成長投資枠」について、高レバレッジ投資信託などの商品は投資対象から除外する。
○ 改正前の一般NISA及びつみたてNISAについては、令和5年末で買付を終了することとするが、非課税口座内にある商品については、新しい制度における非課税限度額の枠外で改正前の取り扱いを継続する。
○ ジュニアNISAについて、非課税管理勘定が設けられた日の属する年の1月1日から5年を経過する日の翌日に設けられる継続管理勘定がある場合には、原則として当該非課税管理勘定に係る上場株式等は当該継続管理勘定に移管されることとする。

（措法37の14、9の8、改正法附則34）

★チェック

○ 改正前の一般NISA、つみたてNISAは令和6年以降も口座内にある商品については、新NISA制度とは別枠で存続する。
○ 同一年でつみたて投資枠と成長投資枠の併用が可能となるが、生涯投資枠については総額1,800万円（内成長投資枠1,200万円）となる。
○ 生涯非課税限度額は簿価残高方式での管理となり、一部の商品を売却した場合は枠が空くこととなり、再投資が可能となる。
○ つみたて投資枠の設定をすることが、成長投資枠の勘定を設ける条件となっている。

NISAの抜本的拡充・恒久化②

減税

		口座開設期間	年間投資上限	非課税保有期間	生涯非課税限度額	投資対象商品	対象年齢
旧制度	つみたてNISA	~~令和24年まで~~ → 令和5年まで	40万円	20年間	800万円 再投資不可	長期積立・分散に適した一定の投資信託	20歳以上※
	選択						
	一般NISA	~~令和10年まで~~ → 令和5年まで	120万円	5年間	600万円 再投資不可	上場株式等	20歳以上※
	ジュニアNISA	令和5年まで	80万円	5年間or 20歳まで※	400万円 再投資不可	上場株式等	20歳未満※
新制度	つみたて投資枠	恒久化	120万円	無期限	1,800万円（内成長投資枠1,200万円） 簿価残高方式 再投資可	積立・分散投資に適した一定の投資信託	18歳以上
	併用可						
	成長投資枠	恒久化	240万円	無期限		上場株式等	18歳以上

令和5年末まで

令和6年1月1日以降

新制度とは別枠で存続

※令和5年以降は18歳

■ 利用者それぞれの生涯非課税限度額については、金融機関から提出された情報を国税庁において管理する。
■ 令和5年末までにジュニアNISAにおいて投資した商品は、5年間の非課税保有期間が終了しても、所定の手続により18歳になるまでは非課税措置が受けられることとなっているが、今回その手続を省略することとし、利用者の利便性を図る。

スタートアップへの再投資に対する非課税措置の創設①

減税

ポイント

○ 中小企業等経営強化法施行規則の改正を前提に、令和5年4月1日以後に、設立の日の属する年において次に掲げる要件を満たす株式会社により設立の際に発行される株式（特定株式）を払込により取得した居住者等（当該株式会社の発起人に該当すること及び当該株式会社に自らが営んでいた事業の全部を承継させた個人等に該当しないことその他の要件を満たすものに限る。）は、その取得をした年分の一般株式等又は上場株式等に係る譲渡所得等の金額からその特定株式の取得に要した金額の合計額（当該一般株式等に係る譲渡所得等の金額及び当該上場株式等にかかる譲渡所得等の金額の合計額を限度とする）を控除する特例を創設し、特定中小会社が発行した株式の取得に要した金額の控除等及び特定新規中小会社が発行した株式を取得した場合の課税の特例と選択して適用できることとする。

○ 取得をした特定株式の取得価額は、当該控除をした金額のうち20億円を超える部分の金額をその取得に要した金額から控除した金額とする。

○ 特定中小会社が発行した株式に係る譲渡損失の繰越控除等の適用対象となる株式の範囲に上記の特定株式を加える。

○ 特定中小会社が発行した株式の取得に要した金額の控除等について、中小企業等経営強化法施行規則の改正を前提に、居住者等が、令和5年4月1日以後に、一定の要件を満たす特定株式を払込みにより取得をした場合には、その取得をした特定株式の取得価額から控除する金額は、次の①から②を控除した金額とし、②の金額は課税繰延べではなく非課税とする。

①特定中小会社が発行した株式の取得に要した金額の控除等の適用を受けた金額

②次のいずれか低い金額

・その特定株式の取得に要した金額の合計額

・取得年分の株式譲渡所得等の金額の合計額（最大20億円）

（措法37の13の2、37の13の3、37の13）

★チェック

○ 従来のエンジェル税制ではスタートアップへの投資は投資時の寄附金控除又は課税の繰り延べであったが、20億円までは非課税となる新たな制度が創設された。

スタートアップへの再投資に対する非課税措置の創設②

減税

自己資金による起業

出資者の要件	発起人に該当すること
出資者の要件	自らが営んでいた事業の全部を承継させた個人に該当しないこと
出資者の要件	その他一定の要件を満たすもの
会社の要件	設立の日以後の期間が1年未満の中小企業者であること
会社の要件	$\frac{販売費及び一般管理費}{出資金額} > \frac{30}{100}$
会社の要件	特定の株主グループの有する株式の総数が発行済株式の総数の100分の99を超える会社でないこと
会社の要件	非上場会社であること
会社の要件	大規模法人グループに属さないこと
会社の要件	風俗営業又は性風俗関連特殊営業に該当する事業を行う会社でないこと

スタートアップへの再投資

株式の要件	特定新規中小企業者により発行される株式又は内国法人のうち設立の日以後10年を経過していない中小企業者に該当するものその他一定の要件を満たすものにより発行される株式で一定のファンド若しくはクラウドファンディングにより取得をされるもの
会社の要件	設立の日以後の期間が5年未満であること
会社の要件	設立後の各事業年度の営業損益金額が零未満
会社の要件	設立後の各事業年度の売上高が零　又は $\frac{前事業年度の試験研究費等の額}{出資金額} > \frac{30}{100}$
会社の要件	その他一定の要件を満たすものであること
会社の要件	特定の株主グループの有する株式の総数が発行済株式の総数の20分の19を超える会社でないこと
会社の要件	非上場会社であること
会社の要件	大規模法人グループに属さないこと
会社の要件	風俗営業又は性風俗関連特殊営業に該当する事業を行う会社でないこと

スタートアップへの再投資に対する非課税措置の創設③

減税

拡充の主な内容

① 繰延措置を非課税措置に

現行制度は実質的には繰延措置であるところ、**非課税の措置**とする。

② 起業時も対象に

現行制度では実質的に自己資金による起業が対象にならないところ、**自己資金による起業も税制の対象**とする。

税制措置の概要

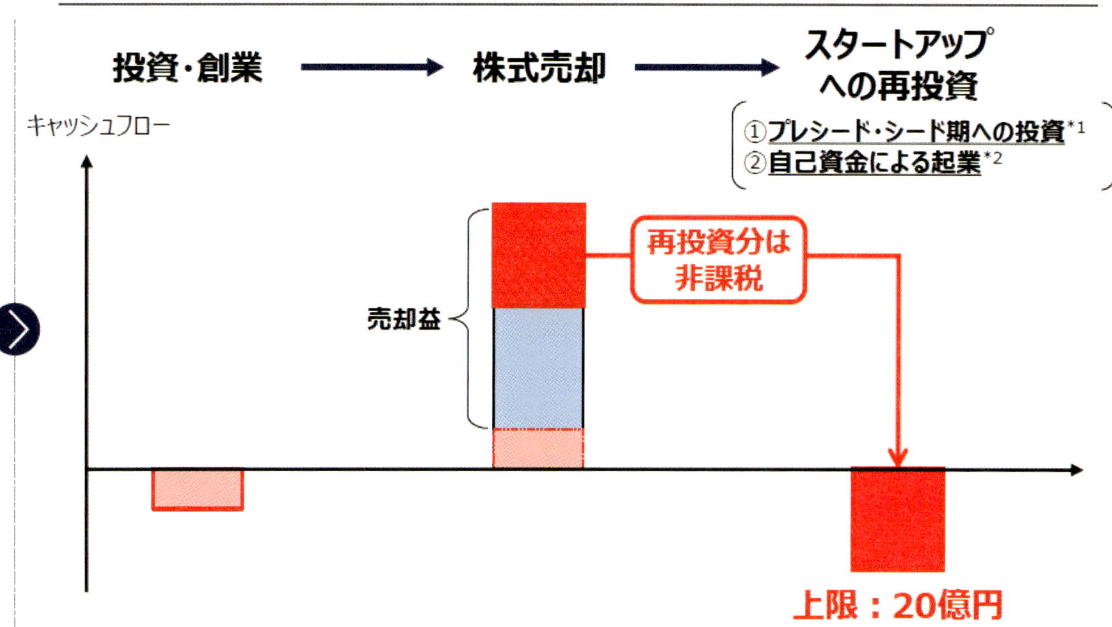

*1：現行のエンジェル税制の対象である未上場のスタートアップ企業のうち、①設立５年未満、②前事業年度まで売上が生じていない、売上が生じている場合でも前事業年度の試験研究費等/出資金の比率が30%超、③営業損益が赤字等の要件を満たす、などの要件を課す。また、外部資本要件は現行の1/6から1/20に緩和。

*2：販管費/出資金の比率が30%超などの要件を課す

出典：経済産業省「令和5年度（2023年度）経済産業関係 税制改正について」

エンジェル税制の見直し及び手続の簡素化

減税

ポイント

○ 適用対象となる特定新規中小企業者の特定の株主グループの有する株式の総数が発行済株式の総数の6分の5を超える会社でないこととの要件については、設立後の各事業年度の営業損益金額が零未満であることなど一定の要件を満たす場合には、特定の株主グループの有する株式の総数が発行済株式の総数の20分の19を超える会社でないこととする。

○ 適用対象となる特定新規中小企業者に該当する株式会社に係る確認手続において、一定の書類については、都道府県知事へ提出する申請書への添付を要しないこととする。

No	現在求めている申請書類	優遇措置A	優遇措置B	今回の見直し
1	確認申請書	○	○	簡素化
2	登記事項証明書（原本）	○	○	
3	設立後の各事業年度における貸借対照表	○	○	
4	設立後の各事業年度における損益計算書	○	○	
5	設立後の各事業年度におけるキャッシュフロー計算書	○	-	簡素化
6	払込日における株主名簿	○	○	
7	常時使用する従業員数を証する書面	○	○	
8	研究者・新事業活動従事者の略歴、担当業務内容	○	○	
9	設立の日における貸借対照表	○	-	不要
10	確定申告書別表１（１）	○	-	不要
11	法人事業概況説明書	○	-	不要
12	株式の発行を決議した書類	○	○	不要
13	個人が取得した株式についての株式申込証	○	○	不要
14	払込があったことを証する書面	○	○	
15	投資契約書の写し	○	○	

出典：経済産業省「令和5年度（2023年度）経済産業関係 税制改正について」

○ 利便性向上のために申請手続が簡素化された。

特定新規中小企業者の株式を取得した場合の特例のまとめ　減税

<table>
<tr><th colspan="2"></th><th>改正前</th><th>改正後</th></tr>
<tr><td colspan="2">優遇措置A※2
（寄附金控除）</td><td>株式投資額－2,000円※1を寄附金控除
優遇措置Bを適用する場合には適用不可</td><td>投資額－2,000円※1を寄附金控除
優遇措置B又はスタートアップ再投資・創業を適用する場合には適用不可</td></tr>
<tr><td rowspan="2">優遇措置B※2
（譲渡所得控除）</td><td>下記以外</td><td rowspan="2">株式投資額を株式譲渡益から控除
控除した金額を投資した株式の取得費から控除
（課税の繰り延べ）</td><td>株式投資額を株式譲渡益から控除
控除した金額を投資した株式の取得費から控除
（課税の繰り延べ）</td></tr>
<tr><td>スタートアップ
再投資
（譲渡所得控除）</td><td rowspan="2">再投資額を株式譲渡益から控除
控除した金額のうち20億円を超える部分の金額を投資した株式の取得費から控除
（20億円までは非課税、超える部分は課税の繰り延べ）</td></tr>
<tr><td colspan="2">自己資金による
スタートアップ創業※2
（譲渡所得控除）</td><td>—</td></tr>
<tr><td colspan="2">譲渡損失の繰越控除</td><td>対象企業の無価値化の損失と当該株式の譲渡損の通算及び3年間の繰越控除が可能</td><td>対象企業の無価値化の損失と当該株式の譲渡損の通算及び3年間の繰越控除が可能
（自己資金によるスタートアップ創業も対象に追加）</td></tr>
</table>

※1　総所得金額×40%又は800万円のいずれか低い金額が上限

※2　優遇措置A、優遇措置B、自己資金によるスタートアップ創業はいずれかの選択適用

ストックオプション税制の見直し

減税

ポイント

○ 適用対象となる新株予約権に係る契約の要件のうち当該新株予約権の行使はその付与決議の日後10年を経過する日までの間に行うこととの要件を、一定の株式会社が付与する新株予約権については、当該新株予約権の行使はその付与決議の日後15年を経過する日までの間に行うこととする。

○ 一定の株式会社とは設立の日以後の期間が5年未満の株式会社で、金融商品取引所に上場されている株式等の発行者である会社以外の会社であることその他の要件を満たすものをいう。

○ 令和5年4月1日以後に行われる付与決議に基づき締結される契約により与えられる特定新株予約権に係る株式について適用する。 （措法29の2、改正法附則31）

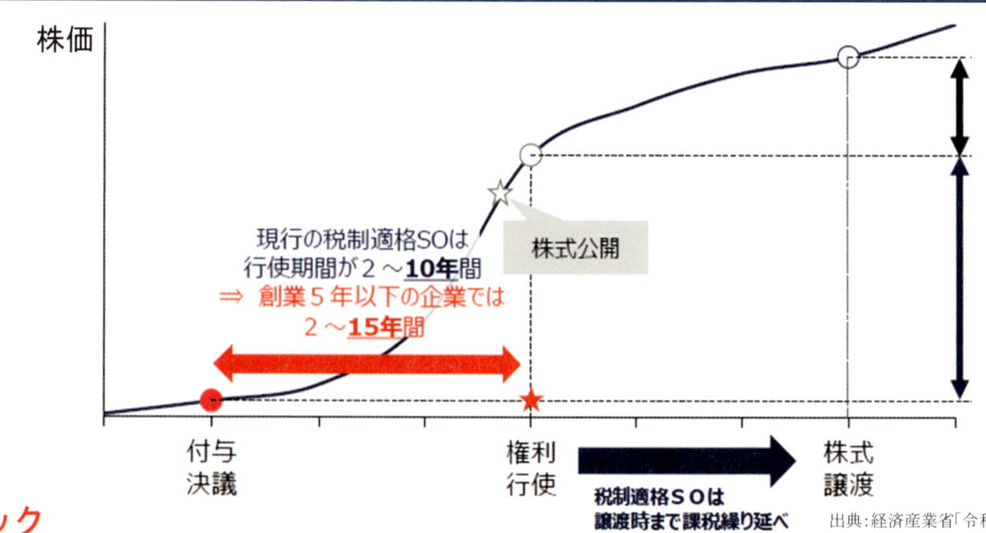

出典：経済産業省「令和5年度（2023年度）経済産業関係 税制改正について」

★チェック

○ スタートアップ・エコシステムへの税制の後押し策として拡充された。

○ 改正後はストックオプション税制の権利行使期間が10年のものと15年のものの2種類が存在することになる。

空き家に係る譲渡所得の特別控除の特例の延長

増税　減税

ポイント

○ 本特例の適用対象となる相続人が相続若しくは遺贈により取得をした被相続人居住用家屋（当該相続の時からその譲渡の時まで事業の用、貸付の用又は居住の用に供されていたことがないものに限る。）の一定の譲渡又は当該被相続人居住用家屋とともにする当該相続若しくは遺贈により取得をした被相続人居住用家屋の敷地等（当該相続の時からその譲渡の時まで事業の用、貸付の用又は居住の用に供されていたことがないものに限る。）の一定の譲渡をした場合において、当該被相続人居住用家屋が当該譲渡の時から当該譲渡の日の属する年の翌年2月15日までの間に次に掲げる場合に該当することとなったときは、本特例を適用することができることとする。

イ　耐震基準に適合することとなった場合

ロ　その全部の取壊し若しくは除却がされ、又はその全部が滅失をした場合

○ 相続又は遺贈による被相続人居住用家屋及び被相続人居住用家屋の敷地等の取得をした相続人の数が3人以上である場合における特別控除額を2,000万円とする。

○ 適用期限を4年延長し令和9年12月31日までとする。

○ 令和6年1月1日以後に行う被相続人居住用家屋又は被相続人居住用家屋の敷地等の譲渡について適用する。

（措法35③④、改正法附則1①三ニ、32③）

被相続人居住用家屋とは、相続開始の直前において被相続人の居住の用に供されていた家屋で次の3つの要件すべてに当てはまるものをいう。

イ　昭和56年5月31日以前に建築されたこと。

ロ　区分所有建物登記がされている建物でないこと。

ハ　相続開始の直前において被相続人以外に居住をした者がいなかったこと。

被相続人居住用家屋の敷地とは、相続開始の直前において被相続人居住用家屋の敷地の用に供されていた土地又はその土地の上に存する権利をいう。

★チェック

○ 従来は譲渡前に相続人が耐震改修や除却（更地化）を行わなければならなかったが、譲渡後に家屋の耐震改修又は除却を行った場合も適用できることとなる。

低未利用土地等を譲渡した場合の特別控除の見直し・延長

増税 減税

ポイント

○ 適用対象となる低未利用土地等の譲渡後の利用要件に係る用途から、いわゆるコインパーキングを除外した上で、適用期限を3年延長し、令和7年12月31日までとする。

○ 次に掲げる区域内にある低未利用土地等を譲渡する場合における低未利用土地等の譲渡対価に係る要件を800万円以下（改正前：500万円以下）に引き上げる。

イ 市街化区域又は区域区分に関する都市計画が定められていない都市計画区域（用途地域が定められている区域に限る。）

ロ 所有者不明土地の利用の円滑化等に関する特別措置法に規定する所有者不明土地対策計画を作成した市町村の区域

○ 令和5年1月1日以後に行う低未利用土地等の譲渡について適用する。（措法35の3、改正法附則32④）

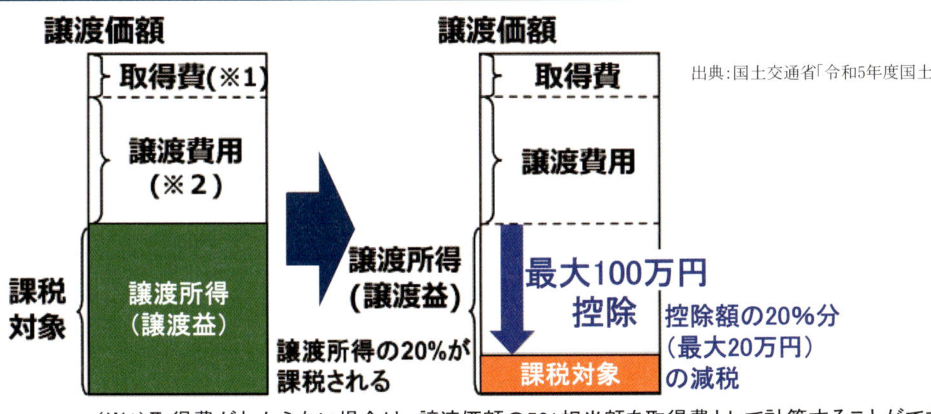

出典：国土交通省「令和5年度国土交通省税制改正概要」

（※1）取得費がわからない場合は、譲渡価額の5%相当額を取得費として計算することができる。
（※2）宅建業者への仲介手数料、解体費、測量費等で譲渡のために直接要した費用

★チェック

○ 売却時の負担感を軽減することで売却インセンティブを付与し、土地に新たな価値を見出す者への譲渡を促進するものであるが、今回コインパーキングは対象から除外された。

個人所得課税に関するその他の改正項目①

増税　減税

極めて高い水準の所得に対する負担適正化

ポイント

○ その年分の基準所得金額から3億3,000万円を控除した金額に22.5%の税率を乗じた金額がその年分の基準所得税額を超える場合には、その超える金額に相当する所得税を課する措置を講ずる。
○ 「基準所得金額」とは、その年分の所得税について申告不要制度を適用しないで計算した合計所得金額（その年分の所得税について適用する特別控除額を控除した後の金額）をいい、「基準所得税額」とは、その年分の基準所得金額に係る所得税の額（分配時調整外国税相当額控除及び外国税額控除を適用しない場合の所得税の額とし、附帯税及び上記の所得税の額を除く。）をいう。
○ 「申告不要制度」とは次に掲げる特例をいう。
　①確定申告を要しない配当所得等の特例
　②確定申告を要しない上場株式等の譲渡による所得の特例
○ 合計所得金額には、源泉分離課税の対象となる所得金額を含まないこととする（NISA制度及び特定中小会社が設立の際に発行した株式の取得に要した金額の控除等の特例において非課税とされる金額も含まない。）。
○ 令和7年分以後の所得税について適用する。　（措法41の19、改正法附則1①五ロ、36）

短期所有土地の譲渡等をした場合の土地の譲渡等に係る事業所得等の課税の特例

ポイント

○ 短期所有土地の譲渡等をした場合の土地の譲渡等に係る事業所得等の課税の特例について、適用停止措置の期限を3年延長し、令和8年3月31日までとする。　（措法28の4⑥）

個人所得課税に関するその他の改正項目②

増税　減税

優良住宅地の造成のために土地等を譲渡した場合の長期譲渡所得の課税の特例

ポイント

○ 適用対象から特定の民間再開発事業の用に供するための土地等の譲渡を除外する。
○ 開発許可を受けて住宅建設の用に供される一団の宅地の造成を行う者に対する土地等の譲渡に係る開発許可について、次に掲げる区域内において行われる開発行為に係るものに限定する。
　イ 市街化区域
　ロ 市街化調整区域
　ハ 区域区分に関する都市計画が定められていない都市計画区域（用途地域が定められている区域に限る）
○ 適用期限を3年延長し、令和7年12月31日までとする。（措法31の2、改正法附則32①②）

既成市街地等内にある土地等の中高層耐火建築物等の建設のための買換え及び交換の場合の譲渡所得の課税の特例

ポイント

○ 買換資産である中高層の耐火建築物の建築に係る事業の範囲から、特定の民間再開発事業を除外する。（措法37の5）

個人所得課税に関するその他の改正項目③

減税

特定非常災害に係る純損失・雑損失の繰越控除の特例

ポイント

○ 事業所得者等の有する棚卸資産や事業用資産等につき特定非常災害の指定を受けた災害により生じた損失(以下「特定被災事業用資産の損失」という。)について、次に掲げるものの繰越期間を5年(改正前:3年)に延長する。
① 青色申告者でその有する事業用資産等(土地等を除く。)のうちに特定被災事業用資産の損失額の占める割合が10%以上であるものは、被災事業用資産の損失による純損失を含むその年分の純損失の総額
② 青色申告者以外の者でその有する事業用資産等(土地等を除く。)のうちに特定被災事業用資産の損失額の占める割合が10%以上であるものは、その年に発生した被災事業用資産の損失による純損失と変動所得に係る損失による純損失との合計額
③ 上記①及び②以外の者は、特定被災事業用資産の損失による純損失の金額
○ 雑損控除を適用してその年分の総所得金額等から控除しても控除しきれない損失額についての繰越期間を5年(改正前:3年)に延長する。
○ 令和5年4月1日以後に発生する特定非常災害について適用する。 (所法70の2、改正法附則3)

給与所得者の特定支出控除の特例

ポイント

○ その支出が、本特例の対象となる研修費又は資格取得費に該当する場合において、教育訓練給付金の支給対象となる教育訓練に係るものであるときは、改正前の給与等の支払者によるその支出が特定支出に該当する旨の証明の書類の確定申告書等への添付に代えて、キャリアコンサルタントによるその支出が特定支出に該当する旨の証明の書類の確定申告書等への添付ができることとする。
○ 令和5年分以後の所得税について適用する。 (所法57の2②四・五、改正法附則2)

個人所得課税に関するその他の改正項目④

国外転出をする場合の譲渡所得等の特例の適用がある場合の納税猶予

ポイント

○ 納税猶予の適用を受けようとする者が質権の設定がされていないこと等の要件を満たす非上場株式を担保として提供する場合において、その者が当該非上場株式を担保として提供することを約する書類その他の書類を税務署長に提出するときは、その株券を発行せずにその担保の提供ができることとする。

○ 納税猶予の適用を受けようとする者は、その有する質権の設定がされていないこと等の要件を満たす持分会社の社員の持ち分について、その者が当該持分会社の持ち分を担保として提供することを約する書類その他の書類を税務署長に提出する場合には、その担保の提供ができることとする。

○令和5年4月1日以後に担保を供する場合について適用する。　（所法137の2⑪二・三、137の3⑬二・三、改正法附則4）

個人事業者がその事業を開始し、又は廃止した場合に行う届出等の提出の一括化

ポイント

○ 個人事業の開業・廃業等届出書について、その提出期限をその事業の開始等の事実があった日の属する年分の確定申告期限とするとともに、事務所等を移転する場合のその提出先を納税地の所轄税務署長とするほか、記載事項の簡素化を行う。令和8年1月1日以後の事業の開始等について適用する。

○ 青色申告書による申告をやめる旨の届出書について、その提出期限をその申告をやめようとする年分の確定申告期限とするとともに、記載事項の簡素化を行う。令和8年分以後の所得税について適用する。

○ 次に掲げる届出書等について、記載事項の簡素化を行う。

イ　納期の特例に関する承認の申請書。令和9年1月分以後の承認申請について適用する。

ロ　青色申告承認申請書及び青色専従者給与に関する届出書。令和9年分以後の所得税について適用する。

ハ　給与等の支払をする事務所の開設等の届出書。令和9年1月1日以後の事務所の開設等について適用する。

（所法229、151、改正法附則10、5）

個人所得課税に関するその他の改正項目⑤

給与所得者の扶養控除等申告書の簡略化

ポイント

○　申告書に記載すべき事項がその年の前年の申告内容と異動がない場合には、その記載すべき事項の記載に代えて、その異動がない旨の記載によることができることとする。
○　令和7年1月1日以後に支払を受けるべき給与等について提出する給与所得者の扶養控除等申告書について適用する。
（所法194②、195②、改正法附則6）

給与所得者の保険料控除申告書の簡略化

ポイント

○　次に掲げる事項の記載を要しないこととする。
①　申告者が生計を一にする配偶者その他の親族の負担すべき社会保険料を支払った場合のこれらの者の申告者との続柄
②　生命保険料控除の対象となる支払保険料等に係る保険金等の受取人の申告者との続柄
○　令和6年10月1日以後に提出する給与所得者の保険料控除申告書について適用する。

源泉徴収票等の電子化の要件の見直し

ポイント

○　給与等の支払をする者が、その支払を受ける者に対し、給与所得の源泉徴収票又は給与支払明細書の交付に代えてその源泉徴収票又は給与支払明細書に記載すべき事項を電磁的方法により提供するための要件であるその支払を受ける者の承諾手続に、その支払を受ける者に対し期限を定めてその承諾を求め、その支払を受ける者がその期限までにこれを拒否する旨の回答をしない場合には、その支払をする者はその承諾を得たものとみなす方法を加える。

個人所得課税に関するその他の改正項目⑥

源泉徴収票の提出方法の見直し

ポイント

○ 給与等の支払をする者が、市区町村の長に給与支払報告書を提出した場合には、その報告書に記載された給与等について税務署長に給与所得の源泉徴収票を提出したものとみなす。

○ 上記の見直しに伴い、給与所得の源泉徴収票の税務署長への提出を要しないこととされる給与等の範囲を、給与支払報告書の市区町村の長への提出を要しないこととされる給与等の範囲と同様に、年の中途において退職した居住者に対するその年中の給与等の支払金額が30万円以下である場合のその給与等とするほか、これに伴う所要の措置を講ずる。

○ 公的年金等の源泉徴収票の提出方法についても同様の措置を講ずる。

○ 令和9年1月1日以後に提出すべき給与所得及び公的年金等の源泉徴収票について適用する。（所法226⑥、改正法附則8）

個人住民税の納期の特例に関する承認の申請書の簡略化

ポイント

○ 記載事項の簡素化を行う。

○ 令和9年1月分以後の承認申請について適用する。

個人所得課税に関するその他の改正項目⑦

増税　減税

給与支払報告書等の提出義務者のeLTAX又は光ディスク等による提出手続きの簡略化

ポイント

○ 給与支払報告書等の提出義務者のうちeLTAX又は光ディスク等による提出義務制度の対象とならない者が、給与支払報告書等の書面による提出に代えてその給与支払報告書等に記載すべき事項を記録した光ディスク等の提出をするための要件であるその者が受けるべき市町村長の承認を不要とするほか、これに伴う所要の措置を講ずる。

○ 令和5年4月1日以後に提出すべき給与支払報告書等について適用する。　（地法317の6⑦、改正地法附則14④）

国民健康保険税

ポイント

○ 国民健康保険税の後期高齢者支援金等課税額に係る課税限度額を22万円（改正前：20万円）に引き上げる。

○ 国民健康保険税の減額の対象となる所得の基準について、次のとおりとする。

① 5割軽減の対象となる世帯の軽減判定所得の算定において被保険者等の数に乗ずべき金額を29万円（改正前：28.5万円）に引き上げる。

② 2割軽減の対象となる世帯の軽減判定所得の算定において被保険者等の数に乗ずべき金額を53.5万円（改正前：52万円）に引き上げる。

相続時精算課税制度の見直し

減税

ポイント

○ 相続時精算課税で受けた贈与については、暦年課税の基礎控除とは別途、課税価格から基礎控除110万円を控除する。特定贈与者の死亡に係る相続税の課税価格には、上記の控除をした後の残額が加算される。

○ 令和6年1月1日以後に贈与により取得する財産に係る相続税又は贈与税について適用する。

○ 相続時精算課税で贈与された土地・建物が、贈与の日から特定贈与者の死亡に係る相続税の申告書の提出期限までに災害により一定の被害を受けた場合は、贈与時における価額から災害によって被害を受けた部分に相当する額を控除した残額とする。

○ 令和6年1月1日以後に生ずる災害により被害を受ける場合について適用する。

（相法21の11の2、21の15、21の16、措法70の3の2、70の3の3、改正法附則1①三イ・ニ、19①④、51④⑤）

項　目	内　容
適用方法	贈与者の異なるごとに選択（選択後の変更は不可）
贈与者	その年の1月1日において60歳以上の直系尊属
受贈者	その年の1月1日において18歳以上の直系卑属
特別控除額	特別控除額：2,500万円、 追加 基礎控除額：年110万円
贈与税	特別控除額を上回る贈与額に税率20%で贈与税を計算
相続時 減額	相続財産の価額に、贈与財産の価額（被災した不動産については減額）から基礎控除額を控除した残額を加算
税額控除	相続税額から既に納めた贈与税額を控除

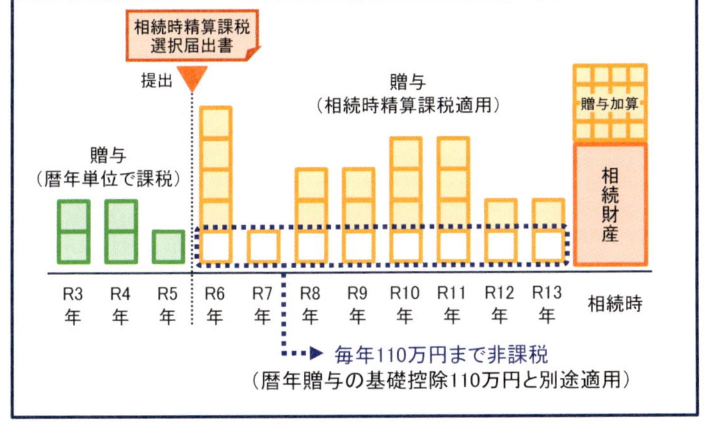

★チェック

○ 例えば、父から相続時精算課税、母から暦年課税にすることで年間220万円が控除可能となる。

○ 暦年課税と異なり、相続時精算課税の基礎控除110万円は、相続開始の前年以前でも相続税の課税価格に算入されない。

生前贈与加算の加算期間等の見直し①

増税

ポイント

○ 相続又は遺贈により財産を取得した者が、相続の開始前7年以内（改正前：3年以内）に当該相続に係る被相続人から贈与により財産を取得したことがある場合には、当該贈与により取得した財産の価額を相続税の課税価格に加算する。
○ 延長した4年間に受けた贈与は、財産価額の合計額から100万円を控除した残額を相続税の課税価格に加算する。
○ 令和6年1月1日以後に贈与により取得する財産に係る相続税について適用する。　（相法19、改正法附則1①三イ、19①②③）

項　目	内　容
課税対象	受贈者が暦年の1年間に贈与を受けた財産の合計額
基礎控除	毎年110万円
贈与税	贈与財産額に応じて税率10%～55%で累進課税
相続時 期間延長	相続の開始前7年以内の贈与財産を相続財産に加算して相続税を課税 延長した4年間に受けた贈与財産は、その合計額から100万円を控除した残額を加算
税額控除	相続財産に加算された贈与財産に係る贈与税を相続税額から控除

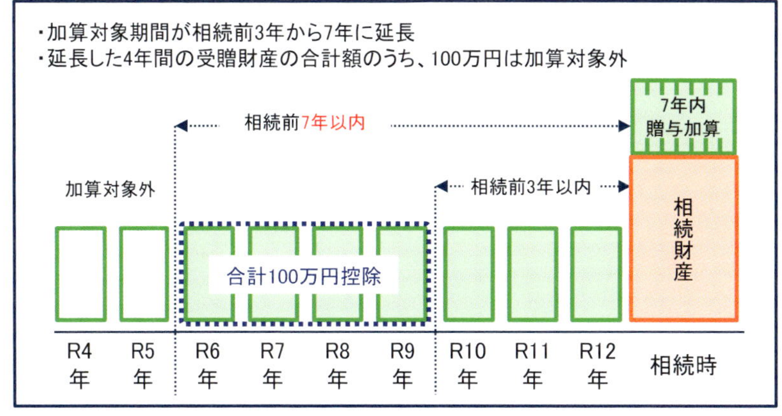

★ チェック

○ 生前贈与加算が3年から7年に延長となり、早期に生前贈与を行い、財産を次世代に移転することが重要となる。

生前贈与加算の加算期間等の見直し②

増税

生前贈与の加算期間が相続開始前3年から7年へ延びれば、贈与日と相続開始日を起点に考えると次のようになる。

贈与開始日を起点

令和6年1月1日以降に贈与した財産は、7年を経過する日まで相続財産として課税価格に加算する必要がある。

相続開始日を起点

令和9年1月2日以降の相続は生前贈与加算期間が順次延長され、令和13年1月1日以降の相続は加算期間が7年となる。

贈与日から見た相続財産不算入期間	
贈与日	相続不算入日
令和5年1月1日	令和8年1月2日以後
令和6年1月1日	令和13年1月2日以後
令和7年1月1日	令和14年1月2日以後
令和8年1月1日	令和15年1月2日以後

相続開始日から見た生前贈与加算期間		
相続開始日	贈与日	備考
令和5年1月1日	令和2年1月1日以後	相続前3年間加算
令和6年1月1日	令和3年1月1日以後	
令和7年1月1日	令和4年1月1日以後	
令和8年1月1日	令和5年1月1日以後	
令和9年1月1日	令和6年1月1日以後	
令和10年1月1日		相続前4年間加算
令和11年1月1日		相続前5年間加算
令和12年1月1日		相続前6年間加算
令和13年1月1日		相続前7年間加算
令和14年1月1日	令和7年1月1日以後	
令和15年1月1日	令和8年1月1日以後	

教育資金の一括贈与非課税措置の延長①

増税　減税

ポイント

○ 直系尊属から教育資金の一括贈与（1,500万円まで）を受けた場合の贈与税の非課税措置について、適用期限を3年延長し、令和8年3月31日までとする。
○ 契約期間中に贈与者が死亡した場合において、相続税の課税価格の合計額が5億円を超えるときは、受贈者が23歳未満である場合等であっても、死亡日における管理残額を相続等により取得したものとみなす。
○ 受贈者が30歳に達した場合等において、管理残額に贈与税が課されるときは、一般税率を適用する。
○ 令和5年4月1日以後に取得する信託受益権等に係る相続税又は贈与税について適用する。

（措法70の2の2、改正法附則51②）

贈与者から信託受益権等を取得した時期	H25.4.1～ H31.3.31	H31.4.1～ R3.3.31	R3.4.1～ R5.3.31	R5.4.1～ R8.3.31
贈与者死亡時の管理残額（財産5億円以下）	相続税の対象外	死亡前3年以内に贈与した信託受益権等の管理残額が相続税の対象	贈与から死亡までの年数に関わらず、死亡時の管理残額が相続税の対象 ※	贈与から死亡までの年数に関わらず、死亡時の管理残額が相続税の対象※1
贈与者死亡時の管理残額（財産5億円超）				贈与から死亡までの年数に関わらず、死亡時の管理残額が相続税の対象
相続税額の2割加算		2割加算の対象外	2割加算の対象	2割加算の対象

管理残額・・・非課税拠出額から教育資金支出額を控除した残額をいう。

※1 次のいずれかに該当する場合は相続税の対象とならない。
① 23歳未満である場合
② 学校等に在学している場合
③ 教育訓練給付金の支給対象となる教育訓練を受講している場合

★チェック

○ 適用期限を3年延長するが、次の期限到来時には、利用件数や利用実態等を踏まえ、制度のあり方について改めて検討される。
○ 資産家（財産5億円超）の方には、税務上のメリットはなくなった。

教育資金の一括贈与非課税措置の延長②

増税　減税

1,500万円枠　（「学校等」に直接支払われる入学金、授業料、その他の金銭）

◆ 学校等＝学校教育法に規定する幼稚園、小中学校、高等学校、大学（院）、高等専門学校、特別支援学校、専修学校、その他これらに類する施設
（例：認定こども園や保育所など）

◆ 学校等に対して支払われる、教育に係る役務の提供の対価又は教育を受けるに当たり通常必要とされる物品の購入費
（例：施設整備費、教育充実費、修学旅行・遠足費）

500万円枠（「学校等以外の者」に教育に関する役務の提供等の対価として直接支払われる金銭）

◆ 学習活動、スポーツ、芸術に関する活動、その他教養の向上のための活動に係る教育指導として社会通念上認められるものへの対価
（例：学習塾、予備校、楽器、舞踏、絵画、水泳、野球、サッカー、テニス、武道、体操、習字、そろばん、外国語会話、通学定期代、入学に伴う転居に要する費用、留学先への渡航費）　※23歳に達した日の翌日以後の教育訓練給付金の支給対象とならないものを除外

合計1,500万円まで非課税

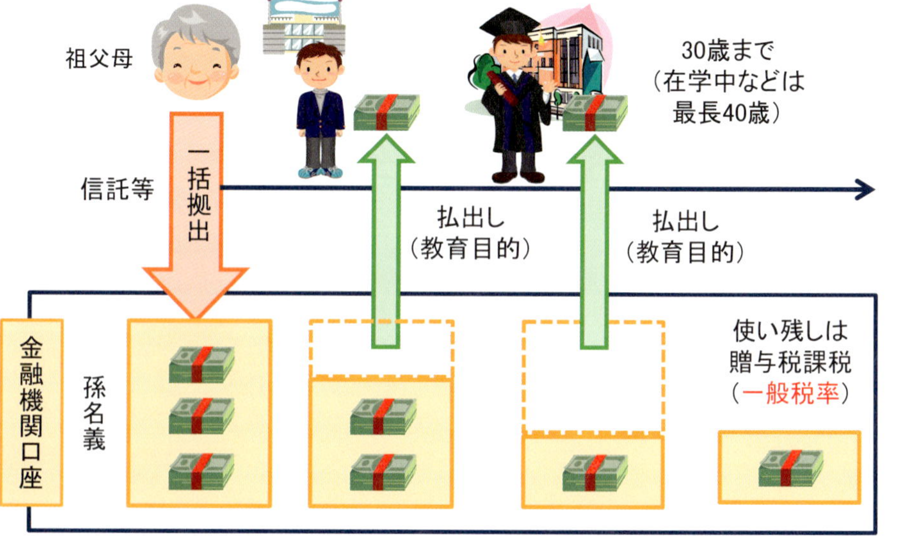

基礎控除後の課税価格	＜特例税率＞ 税率	＜特例税率＞ 控除額	＜一般税率＞ 税率	＜一般税率＞ 控除額
200万円以下	10%	0	10%	0
300万円以下	15%	10万円	15%	10万円
400万円以下			20%	25万円
600万円以下	20%	30万円	30%	65万円
1,000万円以下	30%	90万円	40%	125万円
1,500万円以下	40%	190万円	45%	175万円
3,000万円以下	45%	265万円	50%	250万円
4,500万円以下	50%	415万円	55%	400万円
4,500万円超	55%	640万円		

本措置の対象となる教育資金の範囲に、都道府県知事等から国家戦略特別区域内に所在する場合の外国の保育士資格を有する者の人員配置基準等の一定の基準を満たす旨の証明書の交付を受けた認可外保育施設に支払われる保育料等を加える。

結婚・子育て資金の一括贈与非課税措置の延長①

増税 減税

ポイント

○ 直系尊属から結婚・子育て資金の一括贈与（1,000万円まで）を受けた場合の贈与税の非課税措置について、適用期限を2年延長し、令和7年3月31日までとする。
○ 受贈者が50歳に達した場合等において、管理残額に贈与税が課されるときは、一般税率を適用する。
○ 令和5年4月1日以後に取得する信託受益権等に係る贈与税について適用する。　（措法70の2の3、改正法附則51③）

< 結婚・子育て資金の一括贈与の非課税 >

贈与者から信託受益権等を取得した時期	H27.4.1～R3.3.31	R3.4.1～R7.3.31
贈与者死亡時の管理残額	死亡時の管理残額が相続税の対象	死亡時の管理残額が相続税の対象
相続税額の2割加算	2割加算の対象外	2割加算の対象

管理残額・・・非課税拠出額から結婚・子育て資金支出額を控除した残額をいう。

★チェック

○ 適用期限を2年延長するが、次の適用期限の到来時には、利用件数や利用実態等を踏まえ、制度の廃止も含め、改めて検討される。

結婚・子育て資金の一括贈与非課税措置の延長②

増税　減税

1,000万円枠　（妊娠、出産および育児に要する次のような金銭）

- ◆ 不妊治療・妊婦検診に要する費用
- ◆ 分べん費等・産後ケアに要する費用
- ◆ 子の医療費、幼稚園・保育所等の保育料（ベビーシッター代を含む）

300万円枠　（結婚に際して支払う次のような金銭）

- ◆ 挙式費用、衣装代等の婚礼（結婚披露）費用（婚姻の日の1年前の日以後に支払われるもの）
- ◆ 家賃、敷金等の新居費用、転居費用（一定の期間内に支払われるもの）

合計1,000万円まで非課税

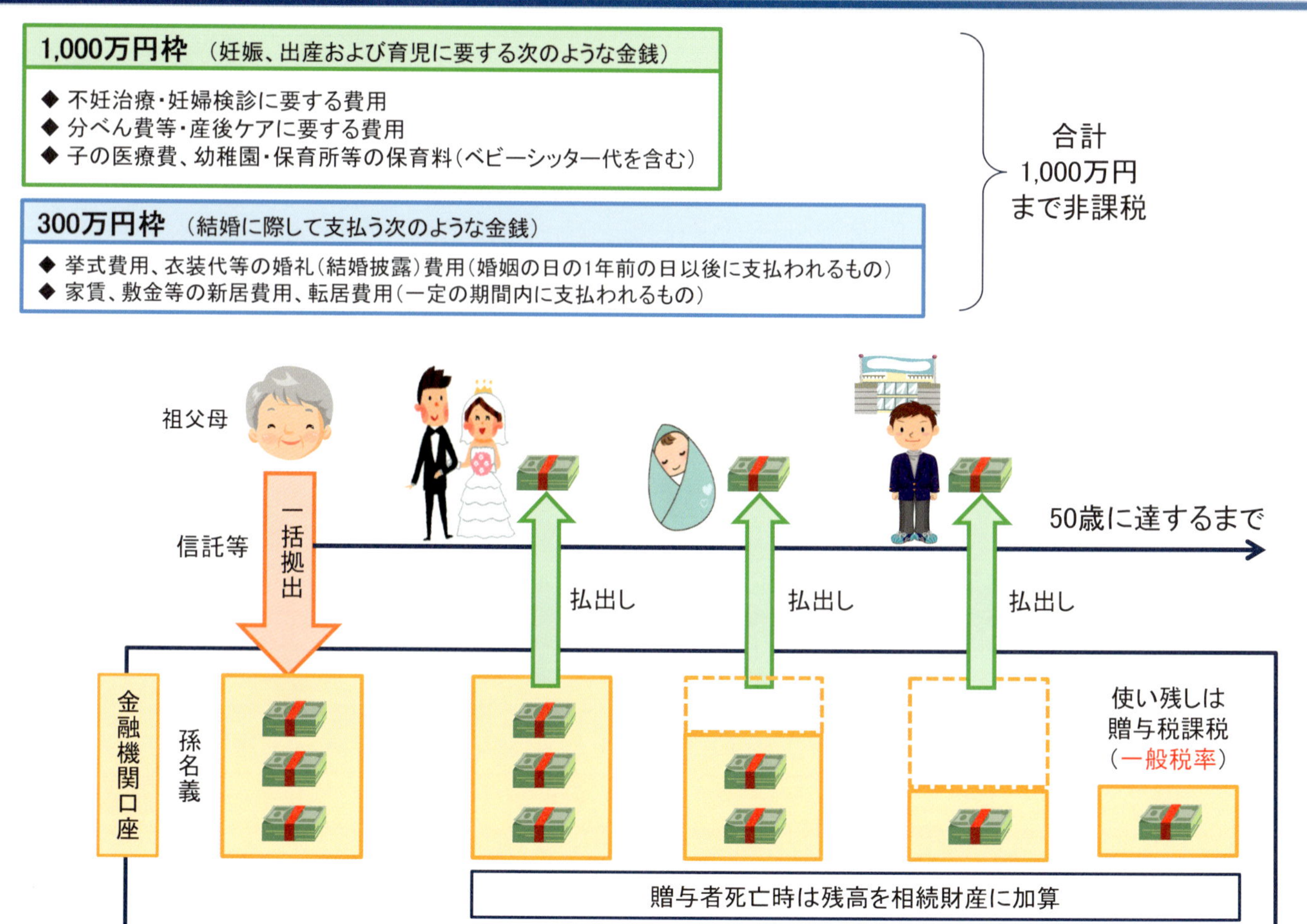

医業継続に係る相続税・贈与税の納税猶予制度等の延長

減税

ポイント

○ 良質な医療を提供する体制の確立を図るための医療法等の一部を改正する法律の改正を前提に、その適用期限を3年3月延長し、令和8年12月31日までとする。
○ 相続税・贈与税の納税猶予制度等における移行期限を、移行計画の認定の日から起算して5年（改正前：3年）を超えない範囲内のものとする。
（措法70の7の9～70の7の14、改正法附則51⑧）

- 平成26年度の医療法(※)改正により、「持分あり医療法人」から「持分なし医療法人」に移行する計画を作成し、その計画が妥当であると厚生労働大臣から認定を受けた「認定医療法人」に対して、**出資者の死亡による相続税の猶予等、出資者間のみなし贈与税の猶予等の特例措置**が導入された。更に、平成29年10月からは、**出資者の持分放棄に伴い医療法人へ課されるみなし贈与税の非課税措置**も導入された。（大臣認定の後、３年以内に移行）
- 現行の制度は令和５年９月末までの措置であるため、**当該措置を令和８年12月末まで延長**する。
- また、認定を受けた医療法人の中には、その後の出資者との調整期間の不足等により、認定から３年以内に放棄の同意を得ることができずに、認定医療法人制度を活用できなかった法人も存在するため、更なる移行促進のため、**移行期限を５年以内に緩和**する。

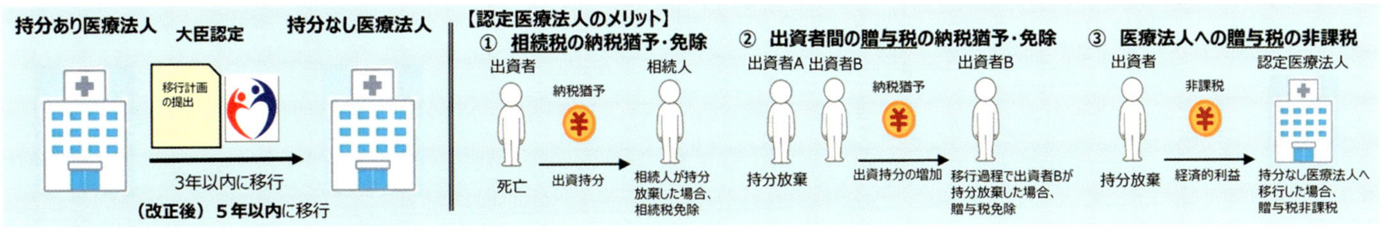

（※）良質な医療を提供する体制の確立を図るための医療法等の一部を改正する法律（平成18年法律第84号）

出典：厚生労働省「令和5年度税制改正の概要（厚生労働省関係）」

○ 認定期限の延長については、医療法の改正が前提であり、今後の医療法の改正・施行のチェックが必要である。

生産性向上や賃上げに資する設備投資の特例措置①

減税

ポイント

○ 中小企業等経営強化法に規定する市町村の導入促進基本計画に適合し、かつ、労働生産性を年平均3%以上向上させるものとして認定を受けた中小事業者等の先端設備等導入計画に記載された一定の機械・装置等であって、生産・販売活動等の用に直接供されるものに係る固定資産税について、課税標準を最初の3年間価格の2分の1とする特例措置を令和7年3月31日まで講ずる。

○ 中小事業者等が国内雇用者に対して給与等を支給する場合において、同計画の認定の申請日の属する事業年度（令和5年4月1日以後に開始する事業年度に限る。）又は当該申請日の属する事業年度の翌事業年度の雇用者給与等支給額の増加割合を、当該申請日の属する事業年度の直前の事業年度における雇用者給与等支給額の実績と比較して1.5%以上とすることを同計画に位置付けるとともに、これを労働者に表明したことを証明する書類を同計画に添付して市町村の認定を受けた場合には、課税標準を次のとおりとする。

① 令和5年4月1日から令和6年3月31日までの間に取得されるもの　最初の5年間価格の3分の1

② 令和6年4月1日から令和7年3月31日までの間に取得されるもの　最初の4年間価格の3分の1

（地法附則15㊺）

区　分	先端設備導入計画（コロナ特例）	生産性向上や賃上げに資する設備投資に対する固定資産税の特例措置
固定資産税の課税標準	3年間ゼロ～2分の1	賃上げ表明なし：3年間2分の1 賃上げ表明あり：5年間（又は4年間）3分の1
対象設備等	先端設備等要件を満たした機械装置、工具、器具備品、建物附属設備、構築物、事業用家屋（取得価額の合計額が300万円以上の先端設備等とともに導入されたもの）	投資利益率要件を満たした機械装置、工具、器具備品、建物附属設備
適用期限	令和5年3月31日まで	令和7年3月31日まで

★チェック

○ 実質的に制度が見直され、事業用家屋が対象から除外されるなど、要件が厳しくなった。

生産性向上や賃上げに資する設備投資の特例措置②

減税

国
（基本方針の策定）

協議 ↑↓ 同意

市町村
（導入促進基本計画の策定）

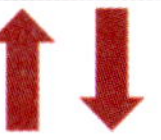

中小企業
（先端設備等導入計画の策定）

<table>
<tr><td>特例措置の対象企業</td><td>市町村から先端設備等導入計画の認定を受け、かつ、資本金1億円以下等の税制上の要件を満たす中小企業</td></tr>
<tr><td>計画認定要件</td><td>３～5年の計画期間における労働生産性が年平均３％以上向上する等、基本方針や市町村の導入促進基本計画に沿ったものであること</td></tr>
<tr><td>対象設備等</td><td>
<table>
<tr><th>設備の種類</th><th>最低価額要件</th><th>投資利益率要件</th></tr>
<tr><td>①機械及び装置</td><td>１６０万円以上</td><td rowspan="4">投資利益率が年率５％以上の投資計画に記載された設備（認定経営革新等支援機関が確認）</td></tr>
<tr><td>②測定工具及び検査工具</td><td>３０万円以上</td></tr>
<tr><td>③器具備品</td><td>３０万円以上</td></tr>
<tr><td>④建物附属設備</td><td>６０万円以上</td></tr>
</table>
</td></tr>
<tr><td>特例措置</td><td>固定資産税（通常、評価額の1.4％）
・計画中に賃上げ表明に関する記載なし：３年間、課税標準を１／２に軽減
・計画中に賃上げ表明に関する記載あり：以下の期間、課税標準を１／３に軽減
①令和6年3月末までに設備取得：5年間
②令和7年3月末までに設備取得：4年間</td></tr>
<tr><td>適用期限</td><td>2年間（令和7年3月31日までに取得したもの）</td></tr>
</table>

出典:経済産業省 「令和5年度(2023年度)経済産業関係 税制改正について」

「中小事業者等」
次の法人又は個人をいう。
ただし、発行済株式の総数の2分の1以上が同一の大規模法人により所有されている法人等を除く。
イ　資本金の額又は出資金の額が1億円以下の法人
ロ　資本又は出資を有しない法人の場合、常時使用する従業員の数が1,000人以下の法人
ハ　常時使用する従業員の数が1,000人以下の個人

長寿命化に資する大規模修繕工事に係る特例措置の創設

減税

ポイント

○ マンションの管理の適正化の推進に関する法律に基づき、マンションの管理に関する計画が、マンション管理適正化推進計画を作成した都道府県等の長により認定（修繕積立金の額の引上げにより認定基準に適合した場合に限る。）され、又は都道府県等からマンションの管理の適正化を図るために必要な助言若しくは指導を受けて長期修繕計画を適切に見直した場合において、当該認定又は助言若しくは指導に係るマンションのうち一定のものについて、令和5年4月1日から令和7年3月31日までの間に長寿命化に資する一定の大規模修繕工事を行い、その旨を当該マンションの区分所有者が市町村に申告した場合に限り、大規模修繕工事が完了した年の翌年度分の当該マンションの家屋に係る固定資産税について、当該マンションの家屋に係る固定資産税額（1戸当たり100㎡相当分までに限る。）の3分の1を参酌して6分の1以上2分の1以下の範囲内において市町村の条例で定める割合に相当する金額を減額する。

○ 減額を受けようとする対象マンションの区分所有者は、当該マンションにおいて行われた大規模修繕工事が上記長寿命化に資する一定の大規模修繕工事であること等につき、マンション管理士等が発行した証明書等を添付して、大規模修繕工事後3月以内に市町村に申告しなければならないこととする。（地法附則15の9の3）

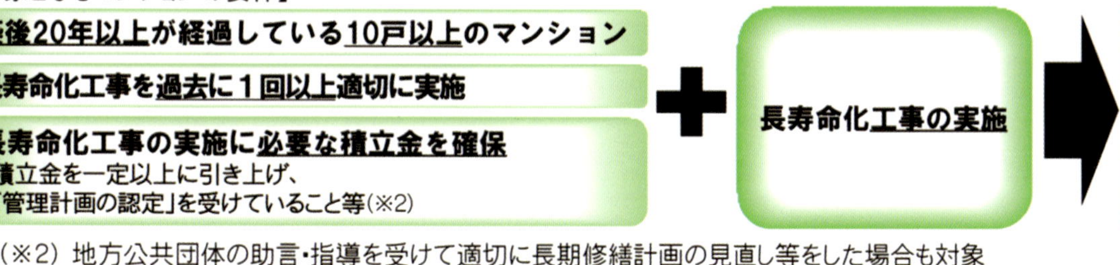

出典：国土交通省「長寿命化に資する大規模修繕工事を行ったマンションに対する特例措置の創設（固定資産税）」

★チェック

○ 期間内に大規模修繕があり、かつ要件に該当する区分所有者は、3月以内に市町村へ申告することが求められる。

相続税の除斥期間の見直し

増税　減税

ポイント

○ 更正をすることができないこととなる日前6月以内に相続税の更正の請求がされた場合において、当該請求をした者の被相続人から相続等により財産を取得した他の者についても、当該他の者の相続税に係る更正若しくは決定等は、当該請求があった日から6月を経過する日まで行うことができる。
○ 当該他の者に係る通常の更正決定等の除斥期間が満了する日以前に当該請求がされた場合に限る。
○ 令和5年4月1日以後に申告書の提出期限が到来する相続税について適用する。（相法36、改正法附則19⑦）

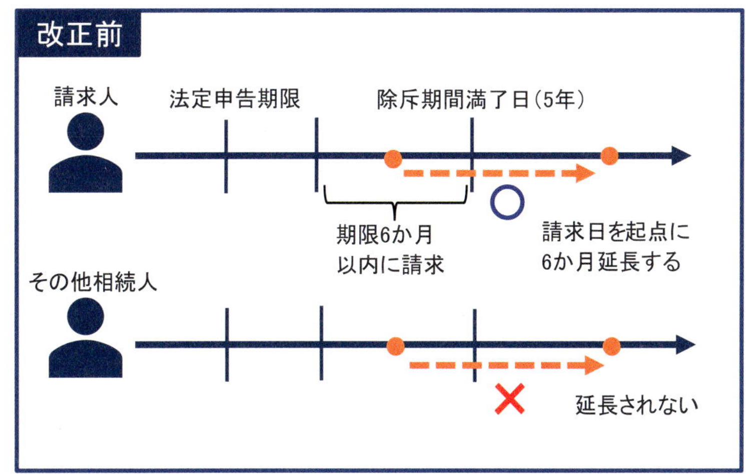

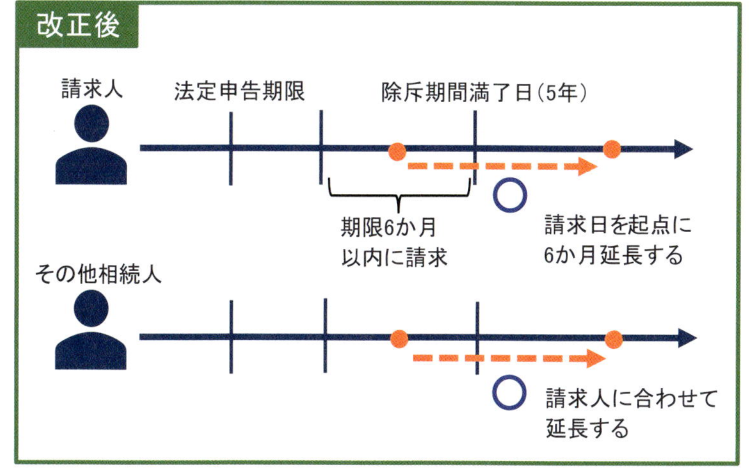

★チェック

○ 更正の請求をした相続人以外にも、除斥期間が延長となり、更正決定等の期間が延びた。

資産課税に関するその他の改正項目

増税　減税

登録免許税

ポイント

- ○ 土地の売買による所有権の移転登記等に対する登録免許税の税率の軽減措置（15/1000）の適用期限を3年延長し、令和8年3月31日までとする。（措法72①）
- ○ 医療機関の開設者が再編計画に基づき不動産を取得した場合の所有権の移転登記等に対する登録免許税の税率の軽減措置の適用期限を3年延長し、令和8年3月31日までとする。（措法80の3①）

固定資産税

ポイント

- ○ 地震防災対策の用に供する償却資産に係る固定資産税の課税標準の特例措置の適用期限を3年延長し、令和8年3月31日までとする。（地法附則15⑤）

不動産取得税

ポイント

- ○ 宅地建物取引業者が取得した既存住宅及び当該既存住宅の用に供する土地について、一定の増改築等を行った上、取得の日から2年以内に耐震基準適合要件を満たすもの等として個人に販売し、自己の居住の用に供された場合に係る不動産取得税の減額措置の適用期限を2年延長し、令和7年3月31日までとする。（地法附則11の4②）

タワーマンションの節税に対する評価改正の動向

ポイント

- ○ 相続税におけるマンションの評価方法については、相続税法の時価主義の下、市場価格との乖離の実態を踏まえ、適正化を検討する。

オープンイノベーション促進税制の拡充①

増税　減税

ポイント

○ 対象となる特定株式に、発行法人以外の者から購入により取得した特別新事業開拓事業者の株式でその取得により総株主の議決権の過半数を有することとなるものを加える。
○ 上記の特定株式について、取得価額要件を5億円以上、所得控除の対象となる取得価額を200億円以下とする。
○ 出資により取得した特定株式について、対象となる取得価額の上限を50億円(改正前:100億円)に引き下げる。
○ 既にその総株主の議決権の過半数の株式を有している特別新事業開拓事業者に対する出資を対象から除外するとともに、既に本特例の適用を受けてその総株主の議決権の過半数に満たない株式を有している特別新事業開拓事業者に対する出資についてその対象を総株主の議決権の過半数を有することとなる場合に限定する。
○令和5年4月1日以後に取得する株式について適用する。　（措法66の13、改正法附則50）

	改正前 払込み	改正後 払込み	改正後 購入
取得価額	1億円以上 （中小企業は1,000万円以上）	1億円以上 （中小企業は1,000万円以上）	5億円以上
控除対象取得価額	上限100億円	上限50億円	上限200億円
保有見込期間	3年	3年	5年
議決権	—	既に議決権の過半数を保有している株式は対象外	取得により議決権の過半数を有することとなるものが対象
特別勘定の取崩し	株式の譲渡等の一定事由に該当 ➡ 益金算入 取得から3年を経過した場合 ➡ 益金算入不要	同　左	取得から5年を経過する他、一定事由に該当 ➡ 益金算入 5年以内に売上高について一定の要件を満たす ➡ 益金算入不要 ※5年経過後に改正前の取崩し事由に該当➡その額を益金算入

★チェック

○ M&Aにより株式を取得した場合も、本税制の対象となった。

オープンイノベーション促進税制の拡充②

増税　減税

＜ 改正後の概要 ＞

株式取得額の25%を所得控除
（M&A時は発行済株式も対象）

出資法人：事業会社
（国内事業会社又はその国内CVC）

資金などの経営資源 →
← 革新的な技術・ビジネスモデル

出資先：スタートアップ
（設立10年未満の国内外非上場企業）
売上高研究開発費比率10%以上かつ赤字企業の場合設立15年未満の企業も対象、発行済株式を取得する場合（50%超の取得時）は海外スタートアップを除く

	現行制度	拡充部分
対象株式	新規発行株式	発行済株式（50%超の取得時）
所得控除上限額（取得額換算）	25億円/件*（100億円/件）	50億円/件（200億円/件）
	年間125億円/社まで（年間500億円/社まで）	
株式取得下限額	大企業1億円/件 中小企業1千万円/件	5億円/件

*：2023年4月1日以降は所得控除上限12.5億円/件、取得額換算50億円/件

成長投資（研究開発、設備投資）

事業成長（売上高）

5年以内に成長投資・事業成長の要件を満たさなかった場合等は、所得控除分を一括取り戻し

※成長要件の詳細は次頁

出典：経済産業省 「令和5年度（2023年度）経済産業関係 税制改正について」

オープンイノベーション促進税制の拡充③

増税　減税

＜ 新設制度における益金算入不要となるために5年以内に満たすべき要件 ＞

類型	対象となるスタートアップ（M&A時点の要件）	5年以内に満たすべき要件	
		成長投資	事業成長
Ⓐ 売上高成長類型	－	－	● **売上高**≧33億円 ● **売上高成長率**≧1.7倍
Ⓑ 成長投資類型	● **売上高**≦10億円 ● **売上高に対する研究開発費＋設備投資**（減価償却費）**の比率**≧5%	● **研究開発費**≧4.6億円 **研究開発費成長率**≧1.9倍 又は ● **設備投資**（減価償却費）≧0.7億円 **設備投資**（減価償却費）**成長率**≧3.0倍	● **売上高**≧1.5億円 ● **売上高成長率**≧1.1倍
Ⓒ 研究開発特化類型	● **売上高**≦4.2億円 ● **売上高に対する研究開発費の比率**≧10% ● **営業利益**＜0	● **研究開発費**≧6.5億円 ● **研究開発費成長率**≧2.4倍 ● **研究開発費増加額**≧株式取得価格の15%	－

出典：経済産業省「令和5年度（2023年度）経済産業関係 税制改正について」

研究開発税制の見直し・延長①　～概要～

増税　減税

ポイント

- ○ 一般試験研究費の額に係る税額控除制度について、税額控除率や控除税額の上限について見直しを行い適用期限を3年延長し、令和8年3月31日までに開始する事業年度について適用する。
- ○「中小企業技術基盤強化税制」について、税額控除率や控除税額の上限を見直した上で、適用期限を3年延長し、令和8年3月31日までに開始する事業年度について適用する。
- ○ 特別試験研究費について、対象となる試験研究費の額について見直しを行う。
- ○ 試験研究費の範囲について見直しを行う。
- ○ 令和5年4月1日以後に開始する事業年度について適用する。（措法42の4、10、改正法附則38、25）

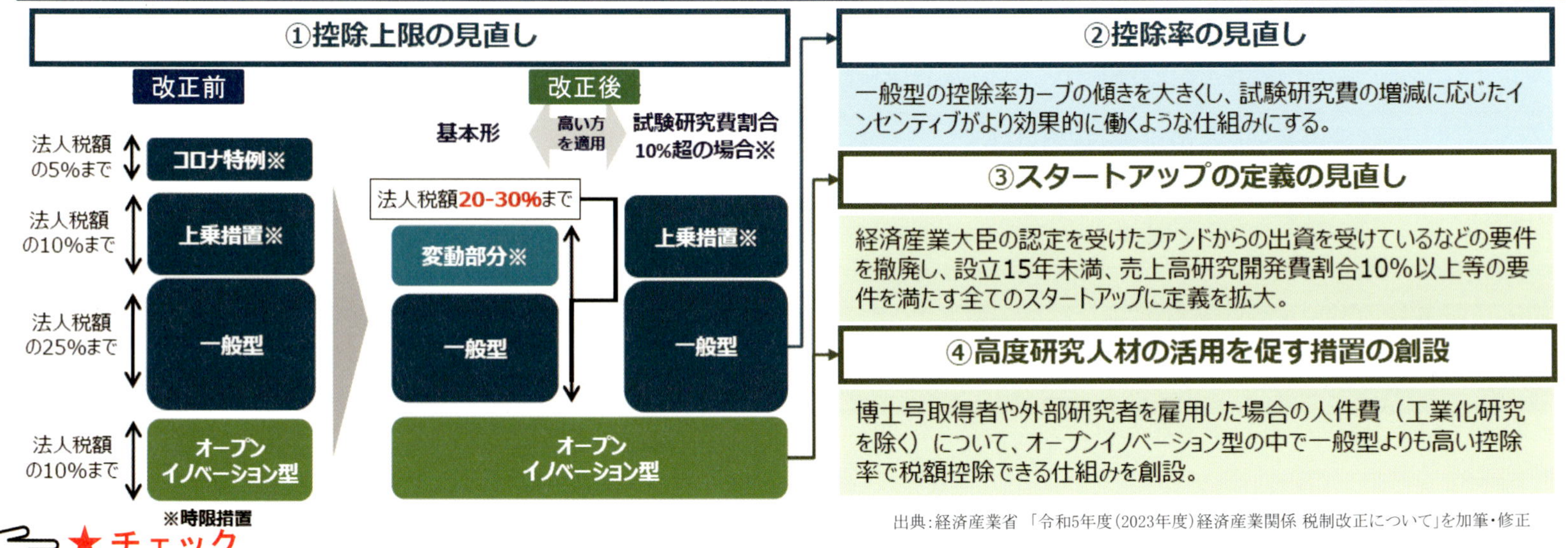

出典：経済産業省「令和5年度(2023年度)経済産業関係 税制改正について」を加筆・修正

★チェック

○ 研究開発を促すために、より研究開発費の増加割合の高低で税額控除率、控除上限が変わり、メリハリがつくようになった。

研究開発税制の見直し・延長② ～税額控除率～

増税　減税

ポイント

○ 一般試験研究費の額に係る税額控除制度について、税額控除率について見直しを行い、下限を1%（改正前：2%）に引き下げ、その上限を14%（原則：10%）とする特例の適用期限を3年延長し、令和8年3月31日までに開始する事業年度について適用する。

○ 「中小企業技術基盤強化税制」は、税額控除率の上乗せ措置等を見直した上で、適用期限を3年延長し、令和8年3月31日までに開始する事業年度について適用する。

（措法42の4②⑤、10②⑤）

	改正前	改正後
一般	【増減試験研究費割合＞9.4%】 10.145%＋（増減試験研究費割合－9.4%）×0.35（＝A） （上限割合14%※）　※時限措置終了後は10% 【増減試験研究費割合≦9.4%】 10.145%－（9.4%－増減試験研究費割合）×0.175（＝B） （下限割合2%）	【増減試験研究費割合＞12%】 11.5%＋（増減試験研究費割合－12.0%）×0.375（＝A） （上限割合14%※）　※時限措置は3年延長 【増減試験研究費割合≦12%】 11.5%－（12%－増減試験研究費割合）×0.25（＝B） （下限割合1%）
	【試験研究費割合＞10%】 上記割合（A又はB）＋上記割合×控除割増率 （上限割合14%※）　※時限措置終了後は10%	【試験研究費割合＞10%】 上記割合（A又はB）＋上記割合×控除割増率 （上限割合14%※）　※時限措置は3年延長
中小企業者等	【増減試験研究費割合＞9.4%】※試験研究費割合＞10%を除く 12%＋（増減試験研究費割合－9.4%）×0.35（＝C） （上限割合17%※）　※時限措置終了後は12% 【増減試験研究費割合≦9.4%】 12%	【増減試験研究費割合＞12%】※試験研究費割合＞10%を除く 12%＋（増減試験研究費割合－12%）×0.375（＝C） （上限割合17%※）　※時限措置は3年延長 【増減試験研究費割合≦12%】 12%
	【試験研究費割合＞10%】 上記割合（C）＋上記割合×控除割増率 （上限割合17%※）　※時限措置終了後は12%	【試験研究費割合＞10%】 上記割合（C）＋上記割合×控除割増率 （上限割合17%※）　※時限措置は3年延長

研究開発税制の見直し・延長③　～税額控除率～

増税　減税

＜ 一般型の税額控除率 ＞

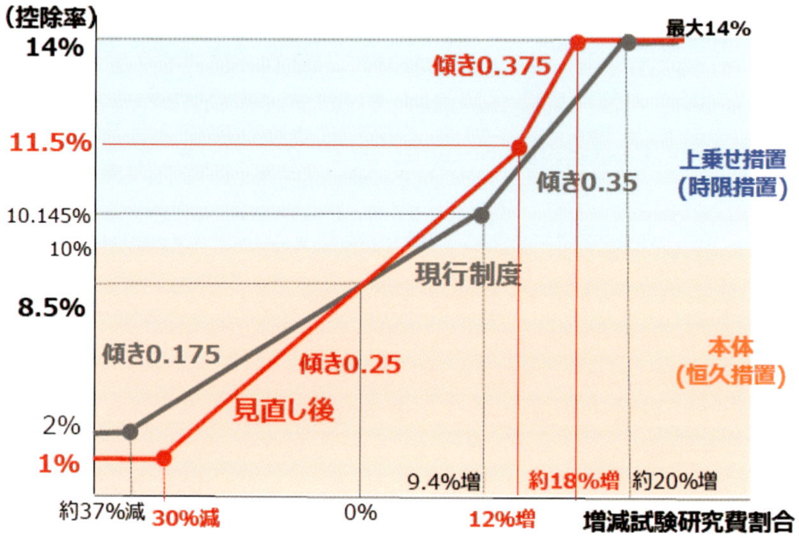

(控除率)
14%
11.5%
10.145%
10%
8.5%
2%
1%
最大14%
傾き0.375
傾き0.35
上乗せ措置
(時限措置)
現行制度
傾き0.175
傾き0.25
見直し後
本体
(恒久措置)
9.4%増
約18%増
約20%増
約37%減
30%減
0%
12%増
増減試験研究費割合

出典:経済産業省 「令和5年度(2023年度)経済産業関係 税制改正について」

＜ 中小企業者等の税額控除率 ＞

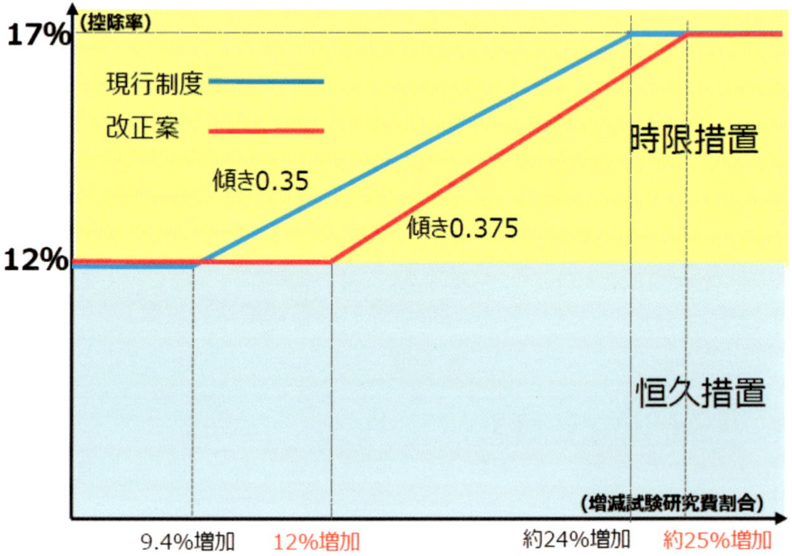

17%
(控除率)
現行制度
改正案
時限措置
傾き0.35
傾き0.375
12%
恒久措置
(増減試験研究費割合)
9.4%増加
12%増加
約24%増加
約25%増加

出典:経済産業省 「令和5年度(2023年度)経済産業関係 税制改正について」

研究開発税制の見直し・延長④ ～控除税額の上限～

増税　減税

ポイント

○ 一般試験研究費の額に係る税額控除制度における控除税額の上限の上乗せ措置について、増減試験研究費割合に応じて加減算する特例を設けた上で、適用期限を3年延長し、令和8年3月31日までに開始する事業年度について適用する。

○ 基準年度比売上金額減少割合が2%以上等の場合における上乗せ措置は適用期限の到来をもって廃止する。

（措法42の4③⑥、10③⑥）

	改正前	改正後
一般	【試験研究費割合＞10%】 25%＋{(試験研究費割合−10%)×2}(上限10%)	【試験研究費割合＞10%】 25%＋{(試験研究費割合−10%)×2}(上限10%)
	—	【増減試験研究費割合＞4%】 ※上記と比較し大きい方を選択 25%＋(増減試験研究費割合が4%を超える部分1%当たり0.625%(上限5%))
	—	【増減試験研究費割合＜−4%】 25%−(増減試験研究費割合が−4%を下回る部分1%当たり0.625%(上限5%))
	【基準年度比売上金額減少割合≧2%等】　25%＋5%	廃止
中小企業者等	【増減試験研究費割合＞9.4%】 25%＋10%	【増減試験研究費割合＞12%】 25%＋10%
	【試験研究費割合＞10%】 ※上記に該当する場合を除く 25%＋{(試験研究費割合−10%)×2}(上限10%)	【試験研究費割合＞10%】 ※上記に該当する場合を除く 25%＋{(試験研究費割合−10%)×2} (上限10%)
	【前2項目のいずれにも該当しない場合】　25%	【前2項目のいずれにも該当しない場合】　25%
	【基準年度比売上金額減少割合≧2%等】　25%＋5%	廃止

研究開発税制の見直し・延長⑤ ～控除税額の上限～

増税　減税

＜ 一般型の控除税額の上限 ＞

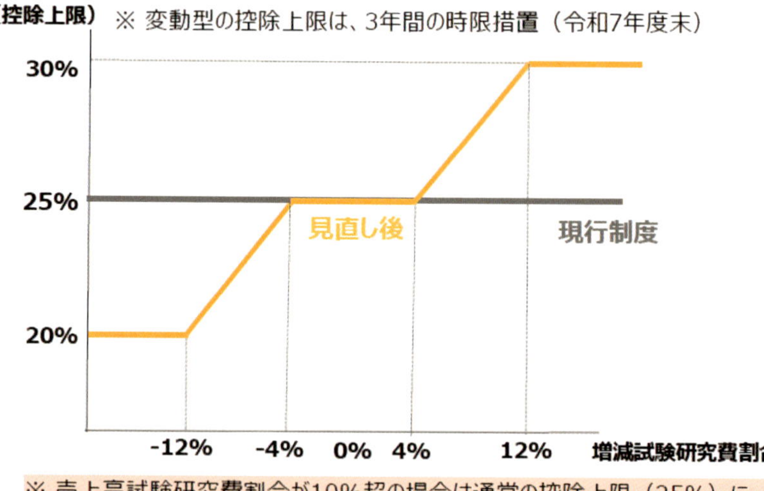

出典:経済産業省 「令和5年度(2023年度)経済産業関係 税制改正について」

＜ 中小企業者等の控除税額の上限 ＞

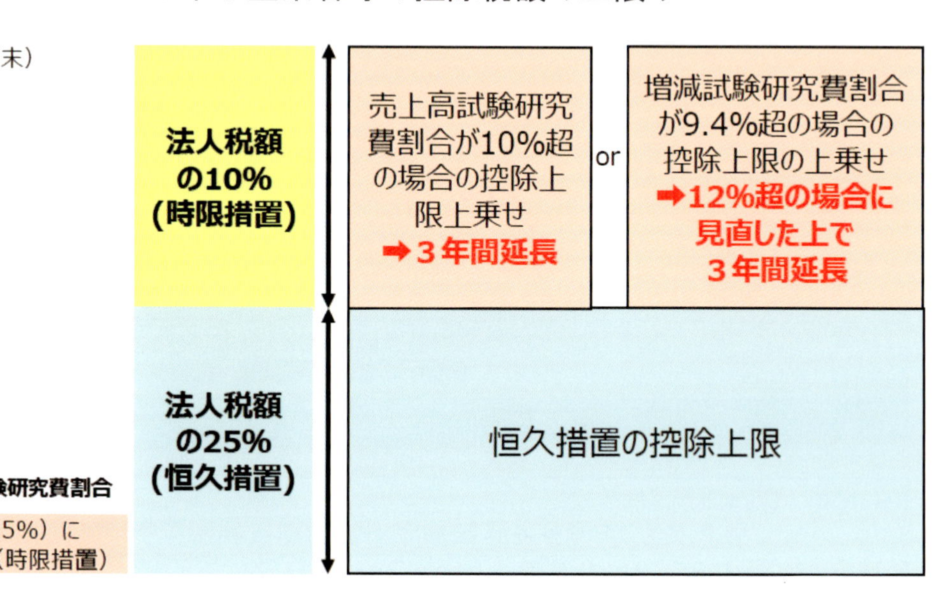

出典:経済産業省 「令和5年度(2023年度)経済産業関係 税制改正について」

研究開発税制の見直し・延長⑥　～用語の意義～

増税　減税

用　語	意　義
増減試験研究費割合	$\frac{\text{適用事業年度の試験研究費の額}-\text{比較試験研究費の額}}{\text{比較試験研究費の額}}$
比較試験研究費の額	$\frac{\text{適用事業年度開始の日前3年以内に開始した各事業年度の試験研究費の額の合計額}}{\text{適用事業年度開始の日前3年以内に開始した各事業年度の数}}$
試験研究費割合	$\frac{\text{適用事業年度の試験研究費の額}}{\text{平均売上金額}}$ 平均売上金額･･･適用事業年度及びその事業年度開始の日前3年以内に開始した各事業年度の一定の売上金額の平均額
控除割増率	(試験研究費割合－10%)×0.5（上限割合10%）
基準年度比売上金額減少割合	$\frac{\text{基準事業年度の売上金額}-\text{適用事業年度の売上金額}}{\text{基準事業年度の売上金額}}$ 基準事業年度･･･令和2年2月1日前に最後に終了した事業年度

研究開発税制の見直し・延長⑦ ～特別試験研究費～

増税　減税

ポイント

- ○ 対象となる特別試験研究費の範囲から、研究開発型ベンチャー企業との共同研究及び研究開発型ベンチャー企業への委託研究に係る試験研究費を除外する。
- ○ 対象となる特別試験研究費の額に、特別新事業開拓事業者との共同研究及び特別新事業開拓事業者への委託研究に係る試験研究費の額を加え、その税額控除率を25%とする。

改正前

共同研究・委託研究の相手方	控除額
国の試験研究機関、大学その他これらに準ずる者	30%
研究開発型ベンチャー企業　除外	25%
国立大学、大学共同利用機関、公立大学および国立研究開発法人の外部化法人	25%
上記以外の者	20%

改正後

共同研究・委託研究の相手方	控除額
国の試験研究機関、大学その他これらに準ずる者	30%
特別新事業開拓事業者　追加	25%
国立大学、大学共同利用機関、公立大学および国立研究開発法人の外部化法人	25%
上記以外の者	20%

【特別新事業開拓事業者】

産業競争力強化法の新事業開拓事業者のうち同法の特定事業活動に資する事業を行う下記要件全てを満たす会社で、基準を満たすことにつき経済産業大臣の証明があるもの

① 投資事業有限責任組合又は国立研究開発法人の出資先
② 設立15年未満
③ 売上高に対する研究開発費の比率が10%以上
④ 未上場の株式会社かつ他の会社の子会社ではない 等

研究開発税制の見直し・延長⑧ ～特別試験研究費～

増税　減税

ポイント

○ 対象となる特別試験研究費の額に、一定の要件を満たす試験研究に係る新規高度研究業務従事者に対する人件費の額を加え、その税額控除率を20%とする。
（措法42の4⑲十、10⑧七）

No.	特別試験研究費の額に含めることができる新規高度研究業務従事者に対する人件費の要件
①	新規高度研究業務従事者に対して人件費を支出して行う試験研究であること
②	新規高度人件費割合を前期の新規高度人件費割合で除して計算した割合が1.03以上である法人が行う試験研究（工業化研究を除く）であること
③	次のいずれかに該当する試験研究であること イ その内容に関する提案が広く一般に又はその法人の使用人に募集されたこと ロ その内容がその試験研究に従事する新規高度研究業務従事者から提案されたものであること ハ その試験研究に従事する者が広く一般に又はその法人の役員若しくは使用人に募集され、その試験研究に従事する新規高度研究業務従事者がその募集に応じた者であること

用　語	意　義
新規高度研究業務従事者	a 博士の学位を授与された者で、その授与された日から5年を経過していないもの b 他の者の役員又は使用人として10 年以上専ら研究業務に従事していた者で、その法人の役員又は使用人となった日から5年を経過していないもの
新規高度人件費割合	試験研究費の額のうち新規高度研究業務従事者に対する人件費の額 ――――― 試験研究費の額のうちその法人の役員又は使用人である者に対する人件費の額

研究開発税制の見直し・延長⑨ ～試験研究費の範囲～ 増税 減税

ポイント

○ 試験研究費のうち対価を得て提供する新たな役務の開発に係る試験研究のために要する一定の費用について、既に有する大量の情報を用いる場合についても対象とする。

○ 試験研究費の範囲から、性能向上を目的としないことが明らかな開発業務の一部として考案されるデザインに基づき行う設計及び試作に要する費用を除外する。

＜ 試験研究費の範囲の見直し ＞

サービス開発に関する試験研究
① ビッグデータの収集・取得　追加 既存のビックデータ活用
② 専門家によるビッグデータの分析・法則発見
③ 新サービスの設計
④ 新サービスの確認

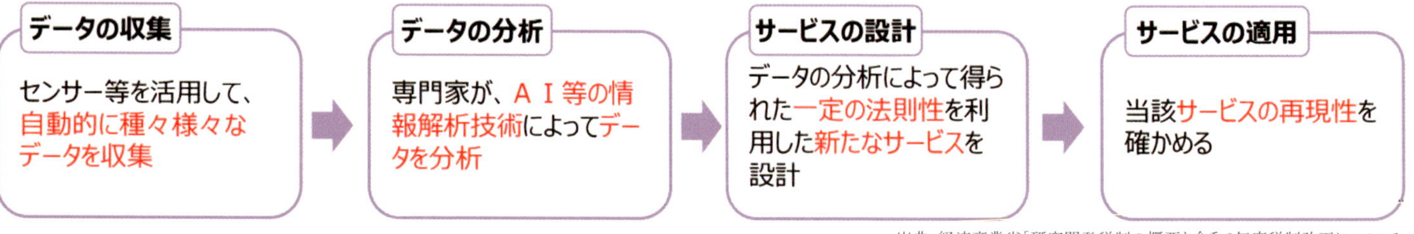

出典：経済産業省「研究開発税制の概要と令和3年度税制改正について」

指定寄附金の範囲の見直し

減税

ポイント

○ 法人が大学、高等専門学校又は一定の専門学校を設置する学校法人又は準学校法人の設立を目的とする法人(以下「学校法人設立準備法人」)に対して支出する寄附金のうち、一定の要件を満たすもので、その学校法人設立準備法人から財務大臣に対して届出があった日から令和10年3月31日までの間に支出されるものを、指定寄附金とする。

＜ 指定寄附金とされる要件 ＞

No.	内　容（①、②いずれも満たす必要がある）
①	その学校法人又は準学校法人の設立前にその設立に関する認可があることが確実であると認められる場合においてされる寄附金で、その設立のための費用に充てられるもの
②	募集要綱に、学校法人設立準備法人の設立後5年を超えない範囲内において募集要綱で定める日までに大学、高等専門学校又は一定の専門学校の設置に係る認可を受けなかった場合には、残額を国又は地方公共団体に寄附する旨の定めがあること

○ 準備財団の公益認定が不要になり税制の整備も行い、企業が学校法人設立に関与することを促す。

中小企業者等の優遇税制の見直し・延長

増税　減税

ポイント

○ 法人税の軽減税率の特例（所得800万円まで15%）の適用期限を2年延長し、令和7年3月31日までに開始する事業年度について適用する。

○ 中小企業投資促進税制について、対象資産から、コインランドリー業（主要な事業であるものを除く。）の用に供する機械装置でその管理のおおむね全部を他の者に委託するものを除外する等一定の見直しを行った上で、適用期限を2年延長し、令和7年3月31日までに取得し、指定事業の用に供した対象設備について適用する（所得税も同様）。

○ 中小企業経営強化税制について、特定経営力向上設備等の対象からコインランドリー業又は暗号資産マイニング業（主要な事業であるものを除く。）の用に供する資産でその管理のおおむね全部を他の者に委託するものを除外した上で、適用期限を2年延長し、令和7年3月31日までに取得し、指定事業の用に供した対象設備について適用する（所得税も同様）。

（措法42の3の2、42の6、10の3、42の12の4、10の5の3、改正法附則39、26、40、27）

法人区分	所得金額	法人税率
普通法人（資本金1億円超の法人）	－	23.2%
中小法人（資本金1億円以下等の法人）	年800万円以下	15%（19%※1）
	年800万円超	23.2%
公益社団法人等	年800万円以下	15%
	年800万円超	23.2%
協同組合等、公益社団法人等以外の公益法人等、特定の医療法人	年800万円以下	15%（19%※1）
	年800万円超	19%

※1 適用除外事業者に該当する中小法人及び特定の医療法人について年800万円以下の部分については、19%の税率が適用される。なお、特定の協同組合等は、年10億円を超える所得に対して、22%の税率が適用される。

○ 中小企業投資促進税制及び中小企業経営強化税制の対象資産や対象事業について、改正内容と併せて改めて確認をする必要がある。

中小企業投資促進税制

増税　減税

	内　容
対象法人	中小企業者等（適用除外事業者を除く）、農業協同組合等（商店街振興組合を加える）
特例措置	（下表）

区分	中小企業者等	特定中小企業者等
特別償却	取得価額×30% （特定生産性向上設備等は即時償却）	
税額控除	―	取得価額×7%

対象資産

対象設備	金額要件等
機械装置※1	単品160万円以上
測定工具及び検査工具	単品120万円以上・単品30万円以上かつ合計120万円以上
一定のソフトウェア	単品70万円以上・合計70万円以上
普通貨物自動車	車両総重量3.5t以上
内航船舶※2 （取得価額の75%）	匿名組合契約等の目的である事業の用に供するものを除く

※1
コインランドリー業（主要な事業であるものを除く。）の用に供する機械装置でその管理のおおむね全部を他の者に委託するものを除外する。

※2
総トン数500トン以上の船舶にあっては、環境への負荷の低減に資する設備の設置状況等を国土交通大臣に届け出た船舶に限定する。

対象事業

製造業、建設業、鉱業、卸売業、道路貨物運送業、倉庫業、港湾運送業、ガス業、小売業、一般旅客自動車運送業、海洋運輸業及び沿海運輸業、内航船舶貸渡業、旅行業、こん包業、郵便業、損害保険代理業、情報通信業、学術研究、専門・技術サービス業、宿泊業、洗濯・理容・美容・浴場業、その他の生活関連サービス業、映画業、教育、学習支援業、医療、福祉業、協同組合、サービス業（廃棄物処理業、自動車整備業、機械等修理業、職業紹介・労働者派遣業、その他の事業サービス業）、農業、林業、漁業、水産養殖業、不動産業、物品賃貸業、料理店業その他の飲食店業（料亭、バー、キャバレー、ナイトクラブその他これらに類する事業（生活衛生同業組合の組合員が行うものに限る）を含む。）

中小企業経営強化税制

増税　減税

	内容
対象法人	中小企業者等（適用除外事業者を除く）で中小企業等経営強化法の経営力向上計画の認定を受けたもの
特例措置	（下表）
対象資産	（下表）
対象事業	中小企業投資促進税制の「対象事業」と同様

特例措置

区分	中小企業者等	特定中小企業者等
特別償却	即時償却	
税額控除	取得価額×7%	取得価額×10%

対象資産

対象設備※1	金額要件等	生産性向上設備（A類型）		収益力強化設備（B類型）	デジタル化設備（C類型）	経営資源集約化設備（D類型）
		販売開始時期	生産性要件	投資利益率要件	遠隔操作等要件	経営資源集約要件
機械装置	単品160万円以上	10年以内	旧モデル比で年平均1%以上向上※4	経済産業大臣の確認を受けた年平均の投資利益率5%以上の投資計画に記載されたもの	経済産業大臣の確認を受けた遠隔操作、可視化又は自動制御化のいずれかを可能にする設備として投資計画に記載されたもの	計画終了年度に修正ROA又は有形固定資産回転率が一定以上上昇する設備として投資計画に記載されたもの
工具	単品30万円以上	5年以内※2				
器具備品	単品30万円以上	6年以内				
建物附属設備	単品60万円以上	14年以内				
ソフトウェア	単品70万円以上	5年以内※3				

※1 コインランドリー業又は暗号資産マイニング業（主要な事業であるものを除く。）の用に供する資産でその管理のおおむね全部を他の者に委託するものを除外する。
※2 測定工具及び検査工具のみ
※3 情報収集機能及び分析・指示機能を有するもののみ
※4 旧モデルがない場合は不要

【参考】中小法人・中小企業者・中小企業者等の範囲

1. 法人税法・租税特別措置法による範囲

<table>
<tr><td colspan="2">資本金又は出資金の額が5億円以上の法人</td><td>大法人</td><td rowspan="3">大規模法人</td></tr>
<tr><td colspan="2">○ 資本金又は出資金の額が1億円超の法人
○ 資本又は出資を有しない法人のうち常時使用する従業員の数が1,000人を超える法人
（中小企業投資育成株式会社を除く）</td><td></td></tr>
<tr><td rowspan="3">資本金又は出資金の額が1億円以下の法人</td><td>① 大法人の子会社等
○ 大法人との間にその大法人による完全支配関係がある法人
○ 完全支配関係のある複数の大法人に発行済株式等の全部を保有されている法人</td><td></td></tr>
<tr><td>② 大規模法人の子会社
○ 単一の大規模法人に発行済株式又は出資の総数又は総額の2分の1以上を所有されている法人
○ 2以上の大規模法人に発行済株式又は出資の総数又は総額の3分の2以上を所有されている法人</td><td colspan="2">中小法人等</td></tr>
<tr><td>③ ①②以外の法人</td><td rowspan="2">中小企業者（※）</td><td rowspan="3">中小企業者等（※）</td></tr>
<tr><td colspan="2">資本又は出資を有しない法人のうち常時使用する従業員の数が1,000人以下の法人</td></tr>
<tr><td colspan="2">農業協同組合、中小企業等協同組合、漁業協同組合、水産加工業協同組合、森林組合等</td><td>農業協同組合等</td></tr>
</table>

（※） 適用除外事業者に該当する場合、適用停止となる措置あり（次頁参照）。

2. 中小企業等経営強化法による範囲

<table>
<tr><td rowspan="2"></td><td rowspan="2">業種目</td><td colspan="2">以下のいずれかを満たす</td><td rowspan="2" colspan="2"></td></tr>
<tr><td>資本金</td><td>従業員数</td></tr>
<tr><td rowspan="9">会社及び個人</td><td>製造業、建設業、運輸業</td><td>3億円以下</td><td>300人以下</td><td rowspan="10">中小企業者</td><td rowspan="12">中小企業者等</td></tr>
<tr><td>製造業のうちゴム製品製造業（自動車又は航空機用タイヤ及びチューブ製造業並びに工業用ベルト製造業を除く）</td><td>3億円以下</td><td>900人以下</td></tr>
<tr><td>卸売業</td><td>1億円以下</td><td>100人以下</td></tr>
<tr><td>小売業</td><td>5千万円以下</td><td>50人以下</td></tr>
<tr><td>サービス業</td><td>5千万円以下</td><td>100人以下</td></tr>
<tr><td>サービス業のうちソフトウェア業又は情報処理サービス業</td><td>3億円以下</td><td>300人以下</td></tr>
<tr><td>サービス業のうち旅館業</td><td>5千万円以下</td><td>200人以下</td></tr>
<tr><td>その他の業種</td><td>3億円以下</td><td>300人以下</td></tr>
<tr><td colspan="3"></td></tr>
<tr><td colspan="4">企業組合、協業組合、事業協同組合及び事業協同小組合並びに協同組合連合会、水産加工業協同組合及び水産加工業協同組合連合会、商工組合及び商工組合連合会、商店街振興組合及び商店街振興組合連合会、生活衛生同業組合、一定の生活衛生同業小組合及び生活衛生同業組合連合会、酒造組合、一定の酒造組合連合会及び酒造組合中央会、一定の酒販組合、一定の酒販組合連合会及び酒販組合中央会、一定の内航海運組合及び内航海運組合連合会、一定の技術研究組合</td></tr>
<tr><td colspan="2">会社、医療法人（歯科を含む）、社会福祉法人、特定非営利活動法人、個人</td><td>10億円以下</td><td>2,000人以下</td><td></td></tr>
<tr><td colspan="5">中小企業者に該当しない組合等</td></tr>
</table>

【参考】適用除外事業者

ポイント

○ 平成31年4月1日以後に開始する事業年度から、法人税関係の中小企業向けの各租税特別措置について、平均所得金額（前3事業年度の所得金額の平均）が「年15億円」を超える事業年度については、適用が停止される。

（措法42の4⑲八他）

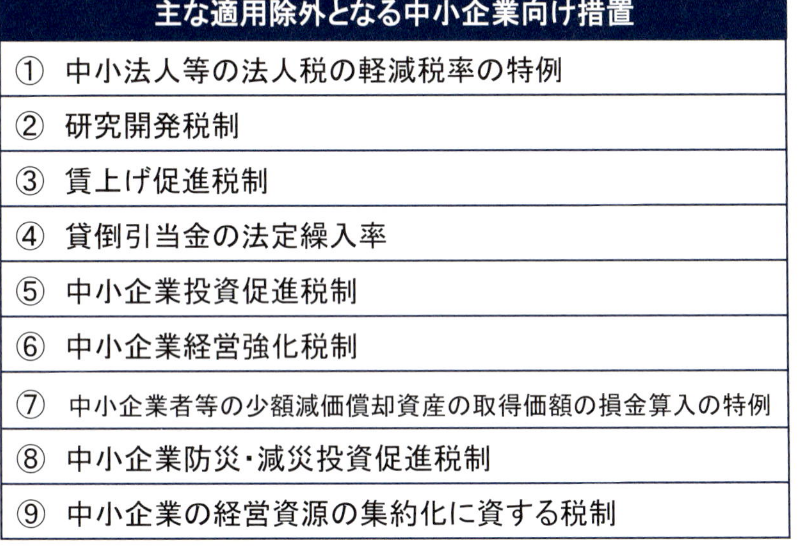

主な適用除外となる中小企業向け措置
① 中小法人等の法人税の軽減税率の特例
② 研究開発税制
③ 賃上げ促進税制
④ 貸倒引当金の法定繰入率
⑤ 中小企業投資促進税制
⑥ 中小企業経営強化税制
⑦ 中小企業者等の少額減価償却資産の取得価額の損金算入の特例
⑧ 中小企業防災・減災投資促進税制
⑨ 中小企業の経営資源の集約化に資する税制

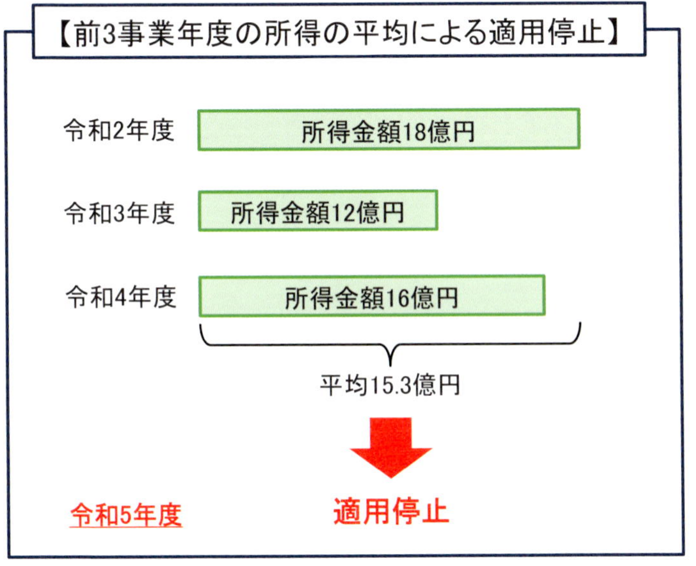

青色申告の承認申請書等の記載事項の簡素化等

ポイント

○ 青色申告の承認申請書について、記載事項の簡素化を行う。令和9年1月1日以後に開始する事業年度について適用する。

○ 青色申告書による申告をやめる旨の届出書について、その提出期限をその申告をやめようとする事業年度の確定申告書の提出期限とし、記載事項の簡素化を行う。令和8年1月1日以後に開始する事業年度について適用する。

（法法128、所法151、改正法附則15、5）

＜ 改正前の届出書様式 ＞

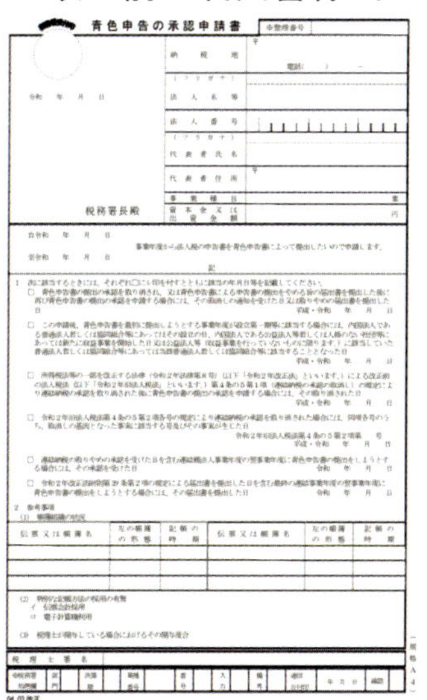

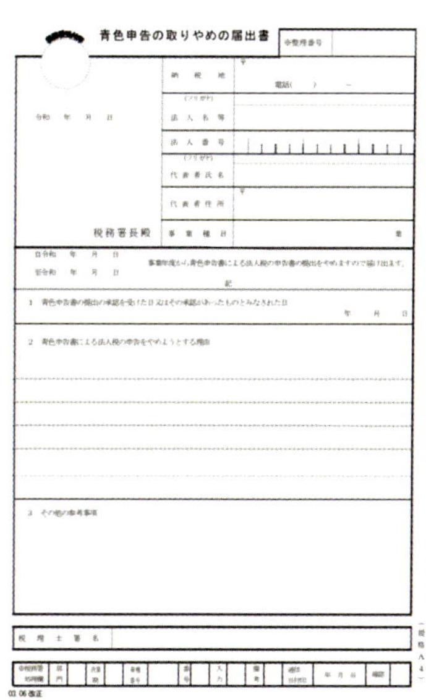

	改正前	改正後
提出期限	青色申告をやめようとする事業年度終了の日の翌日から2月以内	青色申告をやめようとする事業年度の確定申告書の提出期限
記載事項	左の様式	簡素化

★ チェック

○ 青色申告の承認申請書及び青色申告書による申告をやめる旨の届出書の記載事項を簡素化するため、事務負担の軽減になる。

通算子法人の法人税等の確定申告書の提出期限の見直し

ポイント

○ 通算子法人の残余財産の確定の日が通算親法人の事業年度終了の日である場合におけるその通算子法人の法人税等の確定申告書の提出期限について、次の見直しを行う。

① その通算子法人の残余財産の確定の日の属する事業年度の確定申告書の提出期限をその事業年度終了の日の翌日から2月以内とする。

② 通算親法人が確定申告書の提出期限の延長の特例の適用を受けている場合には、その通算子法人の残余財産の確定の日の属する事業年度についても特例の適用があるものとする。

○ 令和5年4月1日以後に改正前の提出期限が到来する確定申告書について適用する。（法法74②、75の2⑪一、改正法附則13）

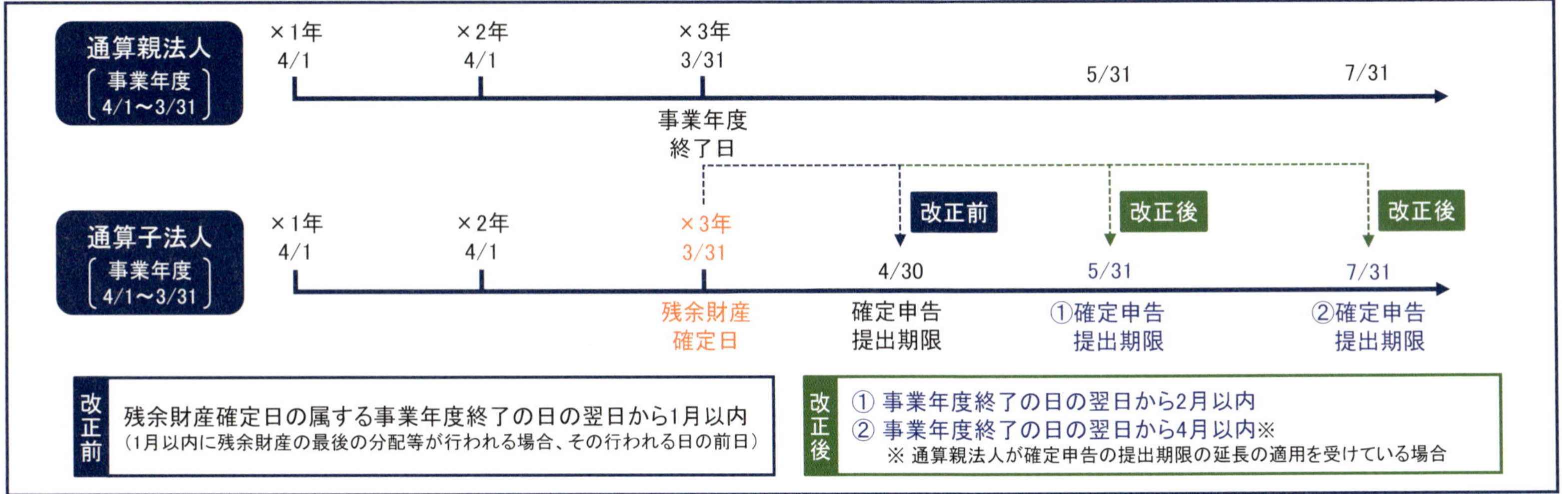

★チェック

○ 通算子法人の残余財産確定日の属する事業年度の確定申告書の提出期限が通算親法人と合うため、事務負担の軽減になる。

地域未来投資促進税制の延長・拡充

増税　減税

ポイント

○ 地域経済牽引事業の促進区域内において特定事業用機械等を取得した場合の特別償却又は税額控除制度について、見直しを行った上、その適用期限を2年延長し、令和7年3月31日までに取得し事業の用に供した対象設備について適用する（所得税についても同様）。

○ 取得する減価償却資産について、前事業年度における減価償却費の額の20%以上（改正前：10%以上）の額であるものとする。

（措法42の11の2、10の4）

＜ 改正前の制度の概要 ＞

地域経済牽引事業計画（都道府県の承認）

都道府県・市町村が作成する基本計画への適合
①地域の特性の活用　②高い付加価値の創出
③地域の事業者に対する経済的効果

課税の特例措置（国の確認）

①先進性を有すること（特定非常災害で被災した区域を除く）
➤ 労働生産性の伸び率が４%以上又は投資収益率が５%以上 等
②設備投資額が2,000万円以上
③設備投資額が前年度減価償却費の10%以上
④対象事業の売上高伸び率がゼロを上回り、かつ、過去５年度の対象事業に係る市場規模の伸び率より５%以上高いこと

＜上乗せ要件＞（平成31年度以降の承認事業のみ）
⑤直近事業年度の付加価値額増加率が８%以上
⑥労働生産性の伸び率４%以上かつ投資収益率５%以上
※ サプライチェーン類型の事業は上乗せ要件の対象外。

対象設備	特別償却	税額控除
機械装置・器具備品	40%	4%
上乗せ要件を満たす場合	50%	5%
建物・附属設備・構築物	20%	2%

改正後

上乗せ措置の対象に、次の要件を全て満たすものを加える

① 主務大臣の確認を受ける事業年度の前事業年度及び前々事業年度における平均付加価値額が50億円以上であること
② 承認地域経済牽引事業が3億円以上の付加価値額を創出すると見込まれるものであること
③ 労働生産性の伸び率及び投資収益率が一定水準以上となることが見込まれること

出典：経済産業省「令和5年度税制改正に関する経済産業省要望【概要】」

★ チェック

○ 投資額の大きい事業に対して、支援を行う方向性をとった。

中小企業防災・減災投資促進税制の延長

増税　減税

ポイント

○ 特定事業継続力強化設備等の特別償却制度について、以下の見直しを行った上、その適用期限を2年延長し、令和7年3月31日までに認定を受けたものを対象とする。

① 対象資産に耐震装置を加える。

② 特別償却率を段階的に引き下げる。

（措法44の2、11の3、改正法附則42③、29②）

取得時期	令和5年3月31日以前	令和5年4月1日以降	令和7年4月1日以降
特別償却率	20%	18%	16%

減価償却資産の種類（取得価額要件）	対象となるものの用途又は細目
機械及び装置（100万円以上）	自家発電設備、浄水装置、揚水ポンプ、排水ポンプ、耐震・制震・免震装置等 （これらと同等に、自然災害の発生が事業活動に与える影響の軽減に資する機能を有するものを含む。）
器具及び備品（30万円以上）	自然災害等の発生が事業活動に与える影響の軽減に資する機能を有する全ての設備 感染症対策のために取得等をするサーモグラフィ
建物附属設備（60万円以上）	自家発電設備、キュービクル式高圧受電設備、変圧器、配電設備、電力供給自動制御システム、照明設備、無停電電源装置、貯水タンク、浄水装置、排水ポンプ、揚水ポンプ、格納式避難設備、止水板、耐震・制震・免震装置、架台（対象設備をかさ上げするために取得等するものに限る）、防水シャッター等 （これらと同等に、自然災害の発生が事業活動に与える影響の軽減に資する機能を有するものを含む。）

出典：経済産業省「令和5年度（2023年度）経済産業関係 税制改正について」

★チェック

○ 特別償却率が下がっていくため早めの投資の方が税制の恩恵が大きくなる。

DX投資促進税制の見直し・延長

増税　減税

ポイント

○ デジタルトランスフォーメーション投資促進税制（DX投資促進税制）について、次のとおり主務大臣の確認要件の見直しを行った上、適用期限を2年延長し、令和7年3月31日までに対象設備を取得等をし、事業の用に供した認定事業適応計画に記載した設備について適用する（所得税も同様）。

① 生産性の向上又は新需要の開拓に関する要件を、売上高が10%以上増加することが見込まれることとの要件に見直す。

② 取組類型に関する要件を、対象事業の海外売上高比率が一定割合以上となることが見込まれることとの要件に見直す。

○ 令和5年4月1日前に認定の申請をした事業適応計画に従って同日以後に取得等をする資産については、本制度を適用しないこととする。（措法42の12の7①⑨、10の5の6①⑫、改正法附則41、28）

要件		改正前	改正後
認定要件	デジタル（D）要件	① データ連携 （他の法人等が有するデータ又は事業者がセンサー等を利用して新たに取得するデータと内部データとを合わせて連携すること） ② クラウド技術の活用 ③ 情報処理推進機構が審査する「DX認定の取得」 （レガシー回避・サイバーセキュリティ等の確保）	① データ連携 （他の法人等が有するデータ又は事業者がセンサー等を利用して新たに取得するデータと内部データとを合わせて連携すること） ② クラウド技術の活用 ③ 情報処理推進機構が審査する「DX認定の取得」 （レガシー回避・サイバーセキュリティ等の確保、デジタル人材の育成・確保）
&	企業改革（X）要件	① 生産性向上又は売上上昇が見込まれる ② 計画期間内で、商品の製造原価が8.8%以上削減されること等 ③ 全社の意思決定に基づくもの （取締役会等の決議文書添付等）	① 全社レベルでの売上上昇が見込まれる ② 成長性の高い海外市場の獲得を図ること ③ 全社の意思決定に基づくもの （取締役会等の決議文書添付等）

税額措置の内容

対象設備	税額控除		特別償却
・ソフトウェア ・繰延資産※1 ・器具備品※2 ・機械装置※2	3% （5%※3）	or	30%

※1 クラウドシステムへの移行に係る初期費用をいう
※2 ソフトウェア・繰延資産と連携して使用するものに限る
※3 グループ外の他法人ともデータ連携する場合

（その他の留意点）
※ 投資額下限：国内の売上高比0.1%以上
※ 投資額上限：300億円
（300億円を上回る投資は300億円まで）
※ 税額控除上限：カーボンニュートラル投資促進税制と合わせて当期法人税額の20%まで

出典：経済産業省「令和5年度（2023年度）経済産業関係 税制改正について」を修正

★チェック

○ DX認定のデジタル人材の育成・確保に関連する事項等の要件についても、今後の情報を注視する必要がある。

医療用機器等の特別償却制度の見直し・延長

増税　減税

ポイント

○ 医療用機器等の特別償却制度について、医療用機器に係る措置の対象機器の見直しを行った上、適用期限を2年延長し、令和7年3月31日までに取得し、事業の用に供した場合について適用する（所得税も同様）。　（措法45の2、12の2）

＜ 制度の概要 ＞

制　度	対　象　設　備	特別償却割合
高額な医療用機器に係る特別償却制度	取得価額500万円以上で、高度な医療の提供に資するもの又は医薬品医療機器等法の指定を受けてから2年以内の医療機器 ※高度な医療の提供という観点から、対象機器を見直す	12%
医師及びその他の医療従事者の労働時間短縮に資する機器等の特別償却制度	医療機関が、医療勤務環境改善支援センターの助言の下に作成した医師労働時間短縮計画に基づき取得した器具・備品（医療用機器を含む）、ソフトウェアのうち30万円以上のもの	15%
地域医療構想の実現のための病床再編等の促進のための特別償却制度	病床の再編等のために取得又は建設（改修のための工事によるものを含む）をした病院用等の建物及びその附属設備 （既存の建物を廃止し新たに建設する場合・病床の機能区分の増加を伴う改修（増築、改築、修繕又は模様替）の場合）	8%

特定の資産の買換特例の見直し・延長

増税　減税

ポイント

○ 特定の資産の買換えの場合等の課税の特例について、見直しを行った上、その適用期限を3年延長し、令和8年3月31日までに行ったものについて適用する（所得税も同様）。　（措法65の7～65の9、37～37の4、改正法附則46、32⑤⑥⑦）

＜ 主な見直しの内容 ＞

・既成市街地等の内から外への買換えを適用対象から除外する。
・長期所有の土地等の買換えについて、譲渡資産と買換資産の所在地により課税繰延べ割合を下表のように見直す。

	改正前	改正後
通常	80%	80%
集中地域以外⇒集中地域	75%	75%
集中地域以外⇒東京都特別区	70%	60%
東京都特別区⇒集中地域以外	80%	90%

・「先行取得の場合」、「特別勘定を設けた場合の課税の特例」及び「特定の資産を交換した場合の課税の特例」を除き、譲渡資産を譲渡した日又は買換資産を取得した日のいずれか早い日の属する3月期間の末日の翌日以後2月以内に次の事項を記載した届出書を提出することを適用要件に加える（先行取得の場合の届出書の記載事項も同様。）。
イ 本特例の適用を受ける旨
ロ 適用を受けようとする措置の別
ハ 取得予定資産又は譲渡予定資産の種類等

※「3月期間」・・・その事業年度をその開始の日以後3月ごとに区分した各期間

★チェック

○ 期中取得・期中譲渡の場合でもあらかじめ届け出る必要があるため、申告時に有利な組み合わせを選ぶことはできなくなった。

株式交付制度の見直し

増税

ポイント

○ 株式等を対価とする株式の譲渡に係る所得の計算の特例について、対象から**株式交付後に株式交付親会社が同族会社（非同族の同族会社を除く。）に該当する場合を除外する**（所得税も同様）。

○ 令和5年10月1日以後に行われる株式交付について適用する。（措法66の2、37の13の4、改正法附則47、33）

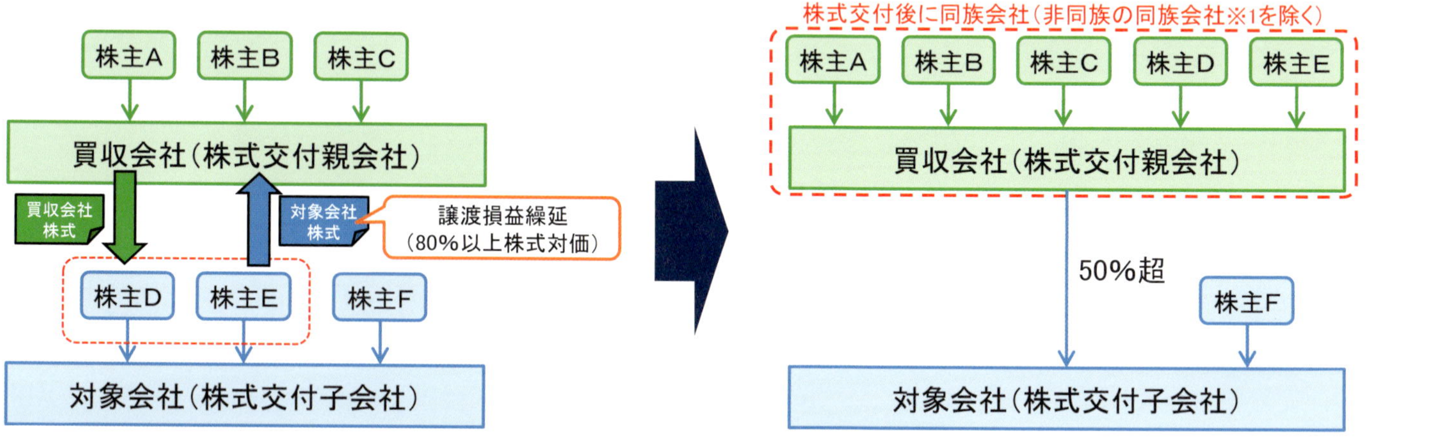

株主A　株主B　株主C
買収会社（株式交付親会社）
買収会社株式
対象会社株式
譲渡損益繰延（80%以上株式対価）
株主D　株主E　株主F
対象会社（株式交付子会社）

株式交付後に同族会社（非同族の同族会社※1を除く）
株主A　株主B　株主C　株主D　株主E
買収会社（株式交付親会社）
50%超
株主F
対象会社（株式交付子会社）

株式交付後の株式交付親会社	改正前	改正後
同族会社（非同族の同族会社※1を除く）	譲渡損益の繰延	譲渡損益の繰延なし
非同族会社	譲渡損益の繰延	譲渡損益の繰延

※1 非同族の同族会社とは、同族会社と判定された会社であるが、その同族会社の判定において非同族会社を除いて、同族会社の判定をした場合に同族会社とはならない会社をいう。

★チェック

○ 株式交付制度の趣旨は株式を対価とするM&Aを促進することを目的としているため、本来の趣旨に沿う制度となった。

暗号資産の評価方法等の見直し

減税

ポイント

○ 暗号資産の評価方法等について、次の見直しを行う。
① 法人が事業年度末において有する暗号資産のうち時価評価により評価損益を計上するものの範囲から、自己が発行した暗号資産でその発行の時から継続して保有しているものであること等一定の要件に該当する暗号資産を除外する。
② 自己が発行した暗号資産について、その取得価額を発行に要した費用の額とする（所得税も同様。）。
③ 法人が暗号資産交換業者以外の者から借り入れた暗号資産の譲渡をした場合において、その譲渡をした日の属する事業年度終了の時までにその暗号資産と種類を同じくする暗号資産の買戻しをしていないときは、その時においてその買戻しをしたものとみなして計算した損益相当額を計上する。
○ 令和5年4月1日以後に開始する事業年度について適用する。　（法法61、改正法附則12）

暗号資産の発行法人

自己保有
期末時価評価課税の対象外

第三者に売却
期末時価評価課税の対象

出典：経済産業省
「令和5年度（2023年度）経済産業関係 税制改正について」を修正

内　容	改正前	改正後
事業年度末の自己保有等の暗号資産の評価方法	時価評価	時価評価しない
自己発行の暗号資産の取得価額	取得時の価額（時価）	取得価額を発行に要した費用の額
暗号資産交換業者以外の者から借り入れた暗号資産を譲渡した場合の譲渡損益の計上	暗号資産の譲渡日の属する事業年度末までに、同暗号資産の買戻しをしていない場合、その買戻しはなかったものとして譲渡損益を計上	暗号資産の譲渡日の属する事業年度末までに、同暗号資産の買戻しをしていない場合、譲渡日の属する事業年度末に買戻しをしたものとみなして譲渡損益を計上

★チェック

○ 自己保有等以外の暗号資産の評価方法は、改正前どおり事業年度末おいて時価評価となる。

【参考】大企業規制

増税

ポイント

○ 研究開発税制その他生産性の向上に関連する税額控除の規定を適用できないこととする措置の要件について、一定の場合には、継続雇用者給与等支給額に係る要件を、継続雇用者給与等支給額の継続雇用者比較給与等支給額に対する増加割合が1％以上（令和4年4月1日から令和5年3月31日までの間に開始する事業年度は0.5％以上）であることとする。
（措法42の13⑤）

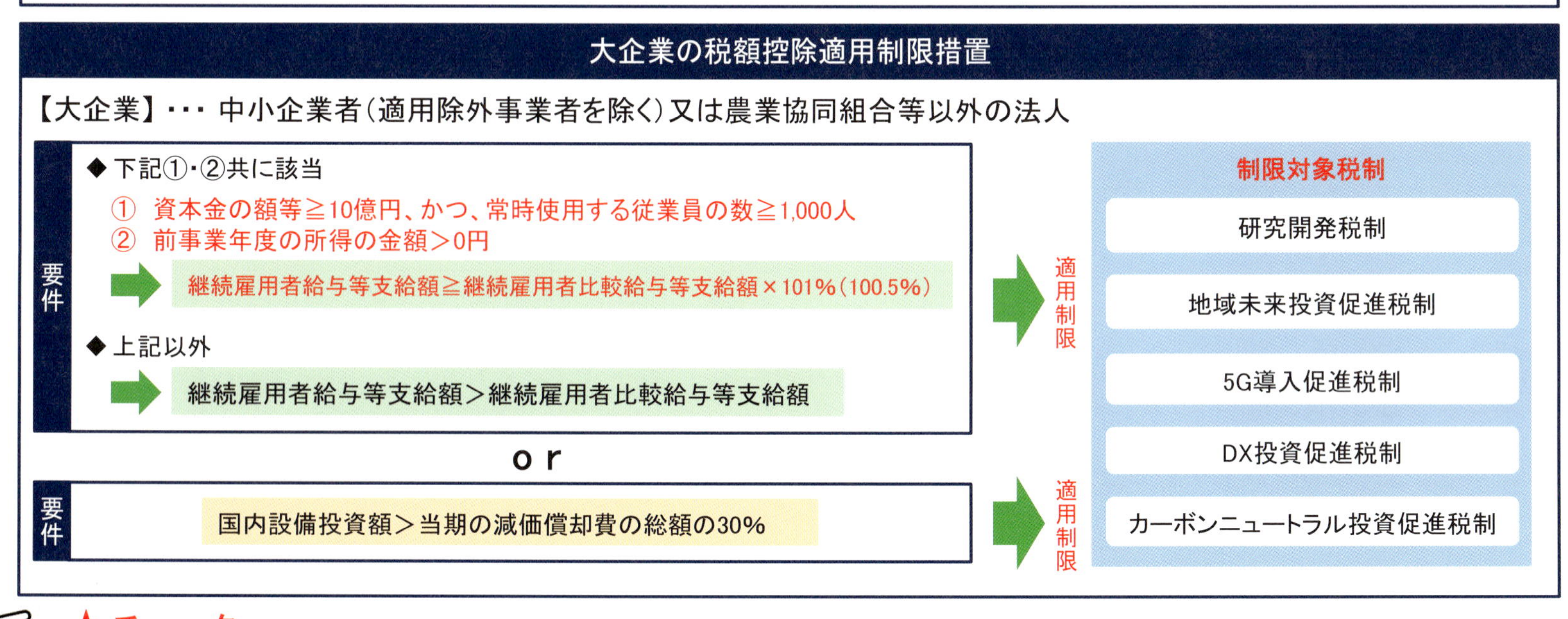

★チェック

○ 当期の所得金額≦前期の所得金額の場合には、図中の【要件】は求められない。
○ 本規制の対象は、当期が設立事業年度又は合併等の日を含む事業年度である場合も含まれる。

法人課税に関するその他の改正項目①

減税

パーシャルスピンオフ税制の創設

ポイント

○ 令和5年4月1日から令和6年3月31日までの間に産業競争力強化法の事業再編計画の認定を受けた法人が同法の特定剰余金配当として行う現物分配で完全子法人の株式が移転するものは、株式分配に該当することとし、その現物分配のうち一定の要件に該当するものは、適格株式分配に該当することとする（所得税も同様）。（措法68の2の2）

国庫補助金等で取得した固定資産等の圧縮額の損金算入制度

ポイント

○ 国庫補助金等で取得した固定資産等の圧縮額の損金算入制度について、対象となる国庫補助金等の範囲に国立研究開発法人新エネルギー・産業技術総合開発機構法に基づく助成金で省エネAI半導体及びシステムに関する技術開発事業（仮称）等に係るものを加える（所得税も同様）。

法人課税に関するその他の改正項目②

減税

企業再生に関する税制の見直し

ポイント

○ 企業再生に関する税制について、次の措置を講ずる（一定の措置は、所得税も同様）。
 ① 事業再構築のための私的整理法制が整備されることを前提に、所要の措置を講ずる。
 ② 個別評価金銭債権に係る貸倒引当金制度について、企業再生税制の適用対象である再生計画認可の決定があったことに準ずる事実が本制度の対象となる事由であることを明確化する。
 ③ 再生計画認可の決定があったことに準ずる事実が生じた場合で資産の評価損益の計上を行わないときは、民事再生等一定の事実による債務免除等があった場合に青色欠損金等の控除後に繰越欠損金を損金算入できる制度の適用があることを明確化する。

法人が使用人に支給するつみたてNISA奨励金の取扱い

ポイント

○ 法人が使用人に対して支給するつみたてNISA奨励金で所得税法の給与等に該当するものは給与等の支給額が増加した場合の税額控除制度の対象となる給与等に該当することを明確化する（所得税も同様）。

外国子会社合算税制の見直し

減税

ポイント

○ 特定外国関係会社のうち会社単位の合算が免除される租税負担割合の基準を30%以上から27%以上に引き下げる。
○ 申告書に添付することとされている外国関係会社に関する書類の範囲から次に掲げる部分対象外国関係会社に関する書類を除外するとともに、その書類を保存するものとする。
① 部分適用対象金額がない部分対象外国関係会社
② 部分適用対象金額が2,000万円以下であること等の要件を満たすことにより本制度が適用されない部分対象外国関係会社
○ 申告書に添付することとされている外国関係会社の株主等に関する書類の記載事項について、その書類に代えてその外国関係会社と株主等との関係を系統的に示した図にその記載事項の全部又は一部を記載することができる。
○ 内国法人の令和6年4月1日以後に開始する事業年度について適用する。

（措法66の6、66の9の2、40の4、40の7、改正法附則48、35）

	改正前	改正後
特定外国関係会社の会社単位の合算が免税される租税負担割合	30%以上	27%以上
BS、PL等の添付が必要な外国関係会社の範囲	租税負担割合が20%未満	部分適用対象金額がない部分対象外国関係会社などを除く
外国関係会社の株主等に関する事項	書類の添付が必要	出資関係図に記載するなどで代用可

★チェック

○ グローバル・ミニマム課税の導入により対象企業に追加的な事務負担が生じることを踏まえ、外国関係会社合算税制の見直しが行われた。

グローバル・ミニマム課税への対応

増税

ポイント

○ 特定多国籍企業グループ等に属する内国法人に対して国際最低税率課税に対する法人税、地方法人税を課税する。
○ 特定多国籍企業グループ等とは、企業グループ等のうち、各対象会計年度の直前の4対象会計年度のうち2以上の対象会計年度の総収入金額が7億5,000万ユーロ(約1,100億円)相当額以上であるものとする。
○ 特定多国籍企業グループ等の構成会社等の所在地国における国別実効税率が15%(基準税率)を下回る場合には一定の方法により計算した金額をその多国籍企業グループ等の最終親会社等である内国法人に課税する。
○ 国際最低課税額に対する法人税の申告及び納付は、各対象会計年度終了の日の翌日から1年3月(一定の場合には、1年6月)以内に行うものとする。
○ 内国法人の令和6年4月1日以後に開始する対象会計年度について適用する。
○ 内国法人の令和6年4月1日以後に開始する対象会計年度の国際最低課税額に対する法人税について情報申告制度を創設する。　(法法2三十一、6の2、15の2、82、82の2～82の10、150の3、159、160、162、改正法附則11、14、16)

< 例：対象会計年度が令和7年3月期の本制度申告期限 >

令和6年4月1日以後開始会計年度より適用

R7年
3月期
会計年度終了の翌日から
1年3ヶ月
R6.4.1
R7.4.1
R8.4.1
申告期限
R8.6.30
対象会計年度
多国籍企業グループ等の最終親会社等の
連結財務諸表の作成に係る期間

< 所得合算ルールのイメージ >

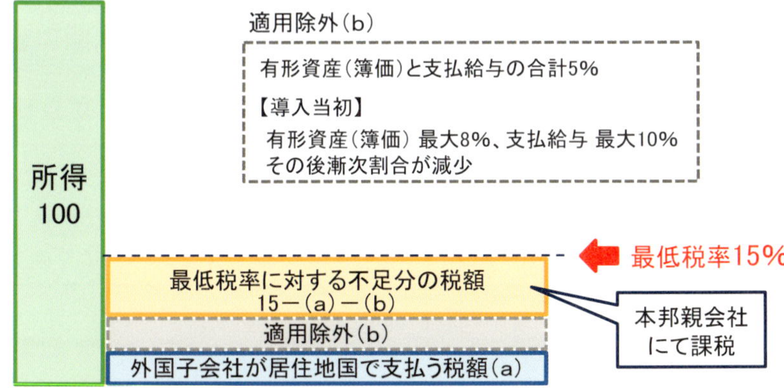

★チェック

○ 子会社等の所在地国ごとに実効税率が15%を下回るか算定し、下回る場合には最終親会社等の所在地国にて上乗せ課税する。

【参考】グローバル・ミニマム課税の全体像

増税

ポイント

○ 2021年10月にOECD/G20「BEPS包摂的枠組み」において、経済のデジタル化に伴う課税上の課題への解決策に関する国際的な合意がまとめられた.。
○ 国際的な議論の進展や諸外国における実施に向けた動向等を踏まえ、所得合算ルール(IIR)に係る法制化を行う。
○ 課税所得ルール(UTPR)と国内ミニマム課税(QDMTT)を含め、OECDにおいて来年以降に実施細目が議論される見込みであるものについては、国際的な議論を踏まえ、令和6年度税制改正以降での法制化を検討する。

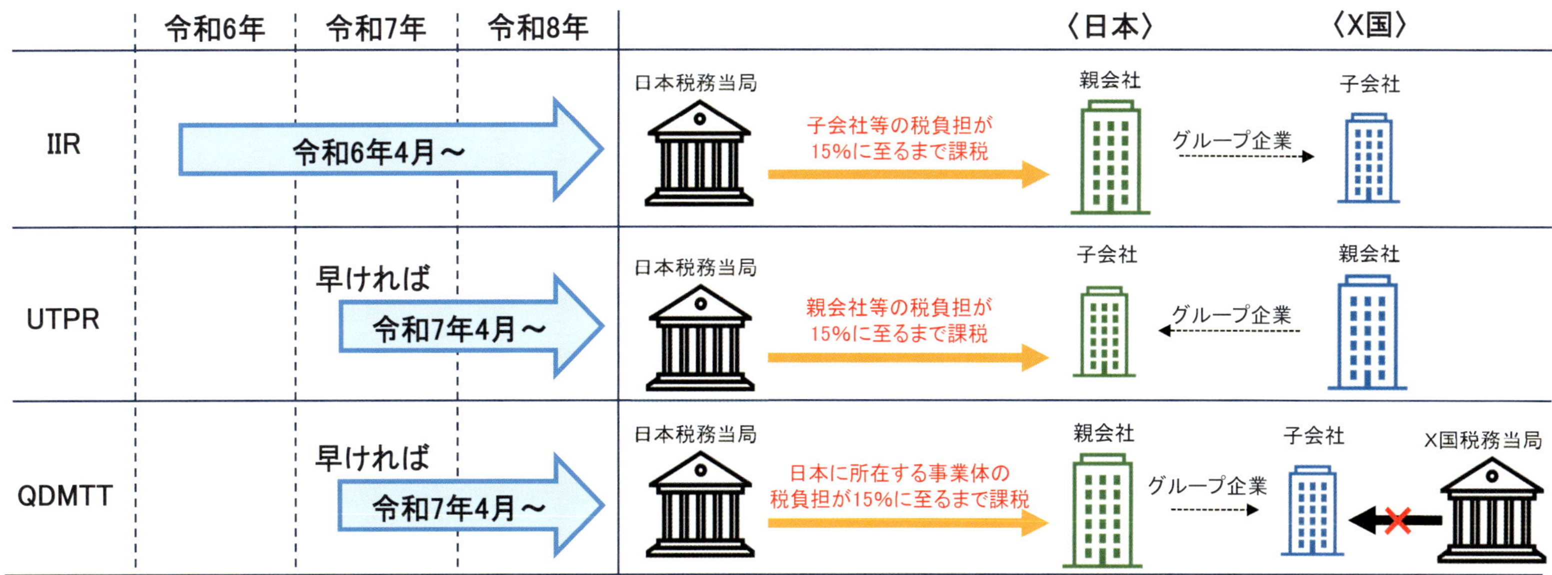

★チェック

○ 世界的な法人税の引下げ競争に歯止めをかける目的でグローバル・ミニマム課税の国際的な合意がまとめられた。

小規模事業者に対する納税額の負担軽減措置①

減税

ポイント

○ 適格請求書発行事業者の令和5年10月1日から令和8年9月30日までの日の属する各課税期間において、免税事業者が適格請求書発行事業者となったこと又は課税事業者選択届出書を提出したことにより課税事業者となる場合には、その課税期間における納付税額を課税標準額に対する消費税額の2割とすることができることとする。

○ 課税期間の特例の適用を受ける課税期間及び令和5年10月1日前から課税事業者選択届出書の提出により引き続き課税事業者となる課税期間については、適用しない。

○ 適格請求書発行事業者がこの措置の適用を受けようとする場合には、確定申告書にその旨を付記するものとする。

○ 課税事業者選択届出書を提出したことにより令和5年10月1日の属する課税期間から課税事業者となる適格請求書発行事業者が、その課税期間中に課税事業者選択不適用届出書を提出したときは、その課税期間からその課税事業者選択届出書は効力を失うこととする。

○ この措置の適用を受けた適格請求書発行事業者が、その適用を受けた課税期間の翌課税期間中に、簡易課税制度選択届出書を提出したときは、その提出した日の属する課税期間から簡易課税制度の適用を認めることとする。

（平成28年改正法附則51の2）

基準期間の課税売上高	改正前	改正後	
	課税方式	令和5年10月1日から令和8年9月30日までの日の属する課税期間	左の翌課税期間以後
5,000万円超	本則課税	本則課税	本則課税
5,000万円以下1,000万円超	本則課税 or 簡易課税	本則課税 or 簡易課税	本則課税 or 簡易課税
1,000万円以下 ・インボイス発行・課税事業者選択	本則課税 or 簡易課税	本則課税 or 簡易課税 or 売上税額の2割措置	本則課税 or 簡易課税
1,000万円以下（上記以外）	（原則）免税	（原則）免税	（原則）免税

★チェック

○ 確定申告書にその旨を付記することで適用されるため、事前の届出は不要。

○ 令和8年9月30日までの期間内であっても、基準期間における課税売上高が1,000万円を超える事業者は適用できない。

小規模事業者に対する納税額の負担軽減措置②

減税

2割措置の対象となる課税期間
次のすべてを満たす課税期間が2割措置の対象となる。 (1)適格請求書発行事業者に該当 (2)令和5年10月1日から令和8年9月30日までの日の属する各課税期間 (3)右記①～③の理由がなければ、免税事業者となる課税期間 (4)右記①～③の理由に応じて右欄の課税期間に該当しないこと (5)課税期間の短縮の適用をしていないこと

No.	免税事業者でない理由	対象外となる課税期間
①	適格請求書発行事業者の登録をしたため	—
②	課税事業者選択届出書を提出したため	令和5年10月1日の属する課税期間であって令和5年10月1日前から引き続き課税事業者を選択している課税期間
		調整対象固定資産の課税仕入れを行ったことで、課税事業者選択不適用届出書を提出できない課税期間 (調整対象固定資産の取得の日の属する課税期間の初日以後3年を経過する日の属する課税期間までの各課税期間)
③	相続により基準期間の課税売上高が1,000万円以下である相続人が、基準期間の課税売上高が1,000万円を超える被相続人の事業を承継したため	登録開始日の前日までに相続があったことにより課税事業者となる課税期間

※「①～③の理由がなければ免税事業者となる課税期間」が要件の1つであるため、下記の課税期間は2割措置の対象外となる。
- 基準期間における課税売上高が1,000万円超である課税期間
- 特定期間における課税売上高が1,000万円超である課税期間
- 相続の翌年以降の相続の特例により課税事業者となる課税期間
- 合併、分割等の特例により課税事業者となる課税期間
- 新設法人等(基準期間がない法人のうち資本金1,000万円以上)の特例により課税事業者となる課税期間
- 特定新規設立法人(基準期間がない法人のうち特定要件に該当)の特例により課税事業者となる課税期間

小規模事業者に対する納税額の負担軽減措置③

減税

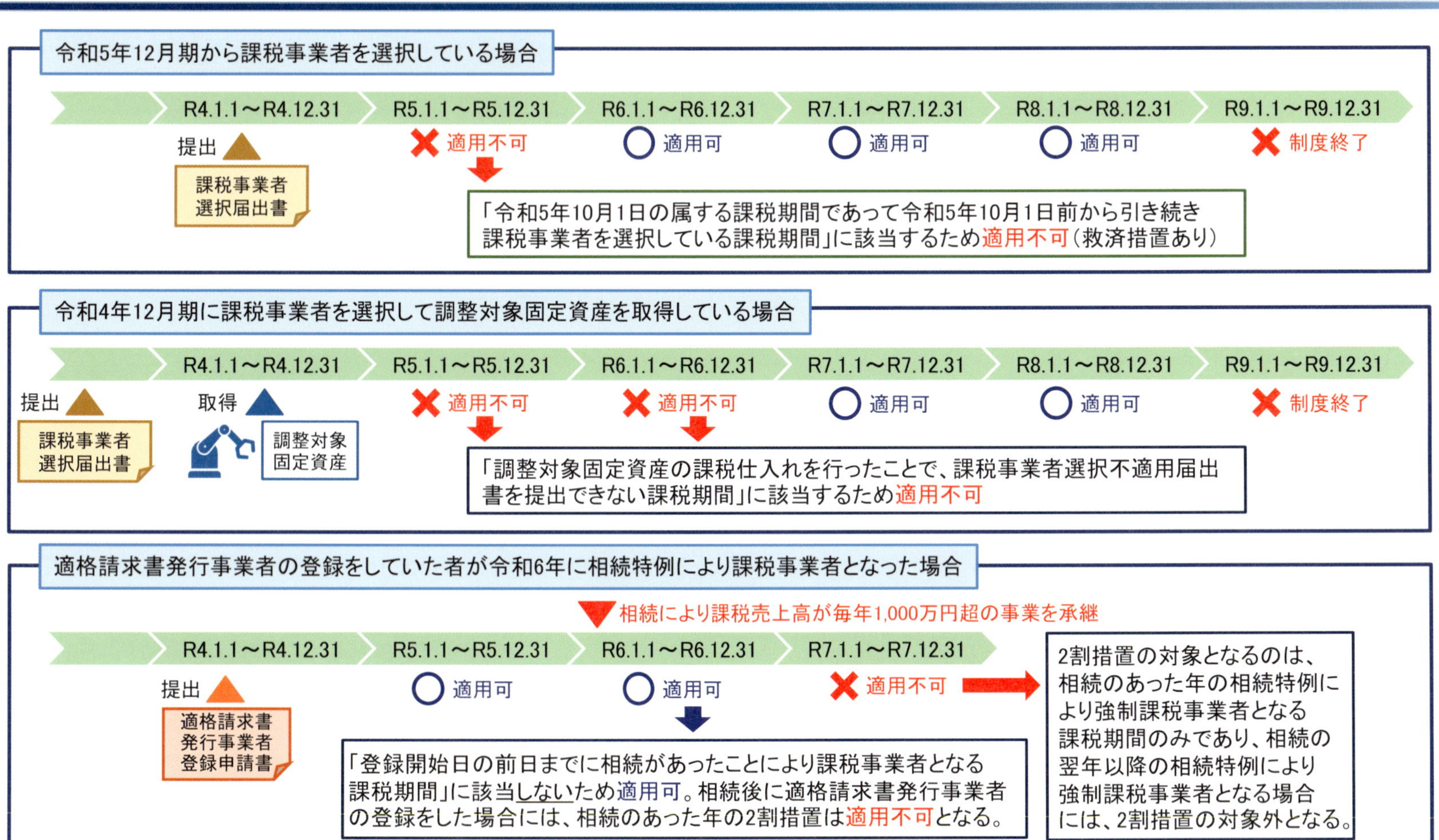

小規模事業者に対する納税額の負担軽減措置④

減税

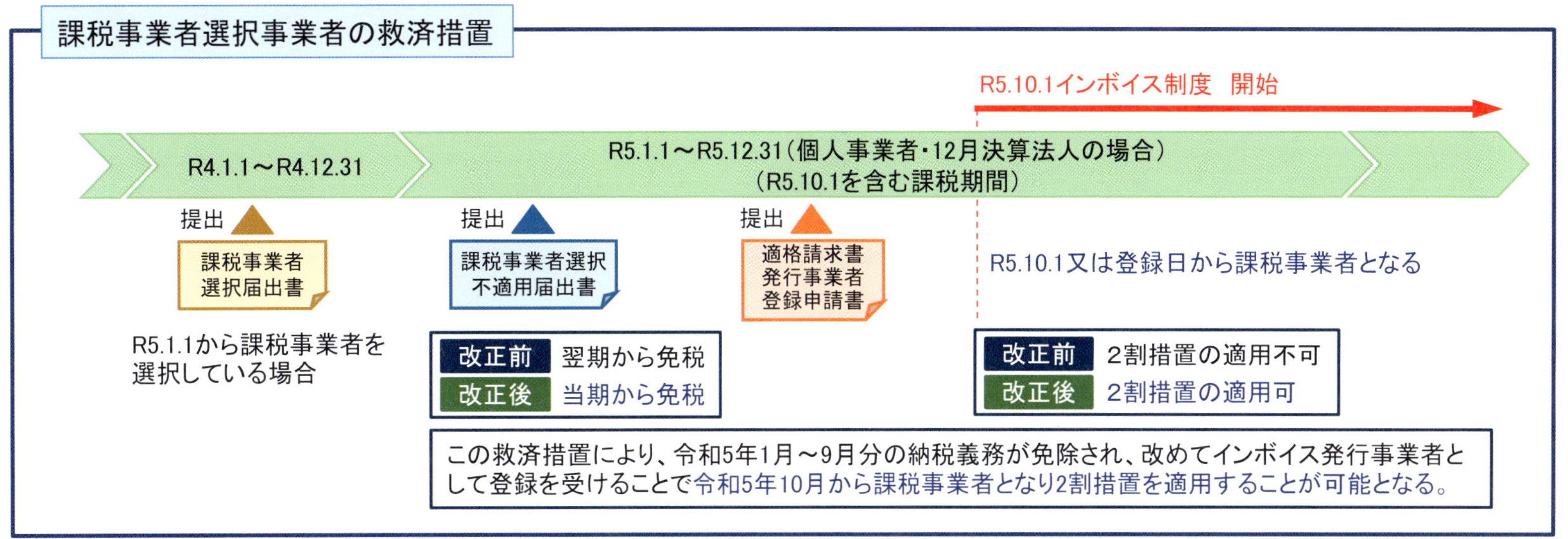

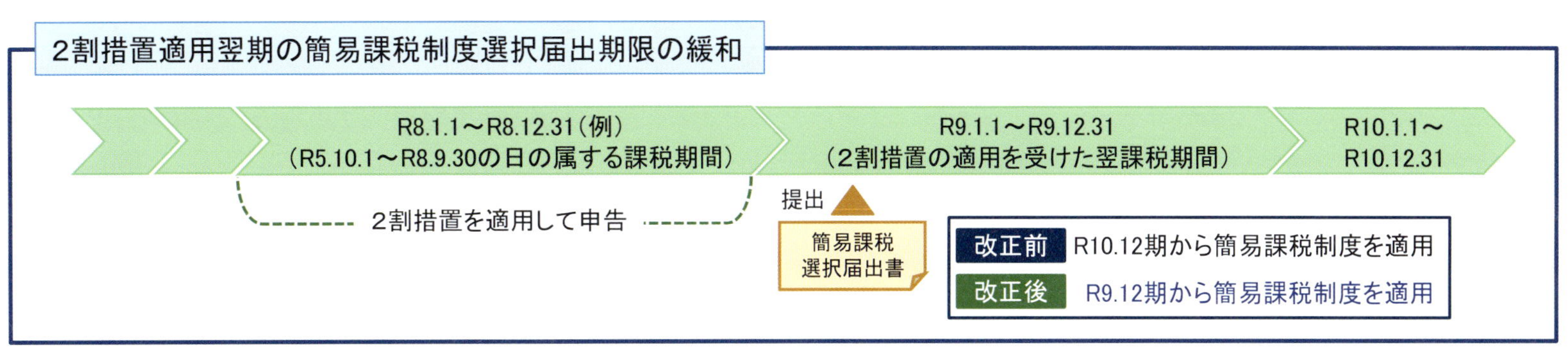

小規模事業者に対する納税額の負担軽減措置⑤

減税

＜ 課税方式別の納税と手残り金 ＞

前提

業種：サービス業（みなし仕入率50%）
売上　110万円（うち預り消費税10万円）
経費　　33万円（うち支払消費税3万円）

（参考）　簡易課税のみなし仕入率

業種区分	みなし仕入率
第一種事業（卸売業）	90%
第二種事業（小売業）	80%
第三種事業（建設業、製造業、農林漁業等）	70%
第四種事業（その他の事業）	60%
第五種事業（金融保険業、サービス業（飲食業を除く））	50%
第六種事業（不動産業）	40%

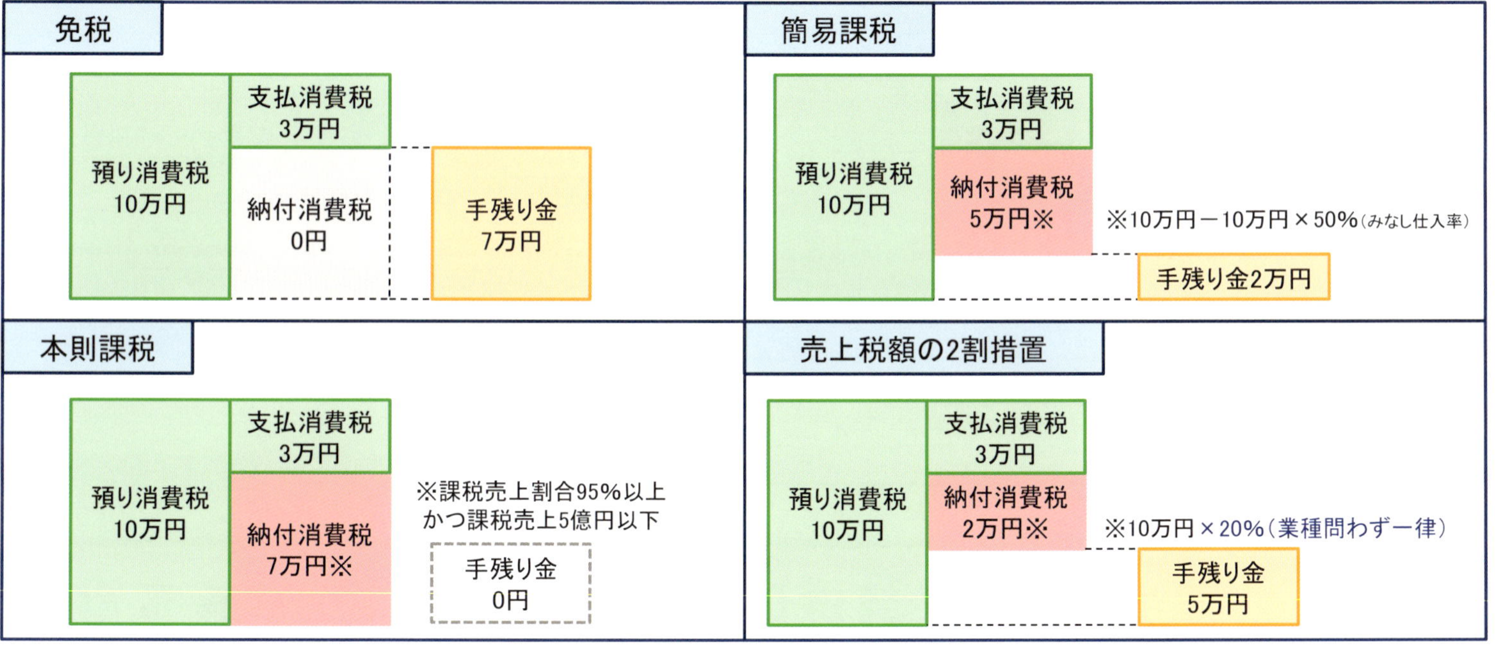

中小・小規模事業者等に対する事務負担の軽減措置

減税

ポイント

○ 基準期間（前々年・前々事業年度）における課税売上高が1億円以下又は特定期間（前年・前事業年度開始の日以後6か月の期間）における課税売上高が5,000万円以下である事業者が、令和5年10月1日から令和11年9月30日までの間に国内において行う課税仕入れについて、その支払対価の額が1万円未満である場合には、一定の事項が記載された帳簿のみの保存による仕入税額控除を認める経過措置を講ずる。（平成28年改正法附則53の2）

改正後

中小・小規模事業者等	基準期間における課税売上高が1億円以下又は特定期間における課税売上高が5,000万円以下である事業者

＜ 中小・小規模事業者等 ＞

課税仕入れの額	保存すべき書類		
	令和5年9月30日以前	令和5年10月1日から令和11年9月30日まで	令和11年10月1日以後
3万円以上	帳簿＋区分記載請求書等	帳簿＋適格請求書等	帳簿＋適格請求書等
1万円以上3万円未満	帳簿	帳簿＋適格請求書等	帳簿＋適格請求書等
1万円未満	帳簿	帳簿	帳簿＋適格請求書等

書類の保存がない場合・・・仕入税額控除の適用ができない

＜ 中小・小規模事業者等以外 ＞

課税仕入れの額	保存すべき書類	
	令和5年9月30日以前	令和5年10月1日以後
3万円以上	帳簿＋区分記載請求書等	帳簿＋適格請求書等
3万円未満	帳簿	帳簿＋適格請求書等

★チェック

○ 中小・小規模事業者等に該当するかどうかの判断のために、前年（前期）上半期の売上を把握する必要がある。
○ 中小・小規模事業者等の販売費管理費の多くは1万円未満の課税仕入れであるため、大幅な事務負担軽減となる。
○ 1万円未満かどうかは、税抜きでなく税込みにより、商品単位ではなく取引単位により判断する。

少額な返還インボイスの交付義務の免除

減税

ポイント

○ 売上げに係る対価の返還等に係る税込価額が1万円未満である場合には、適格返還請求書の交付義務を免除する。
○ 令和5年10月1日以後の課税資産の譲渡等につき行う売上げに係る対価の返還等について適用する。

（消法57の4③、改正法附則20②）

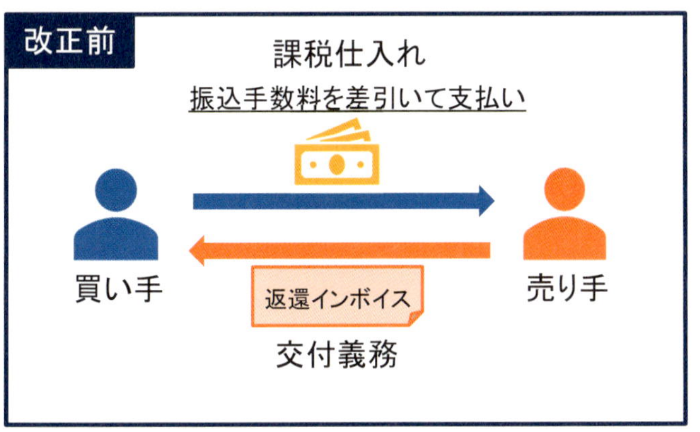

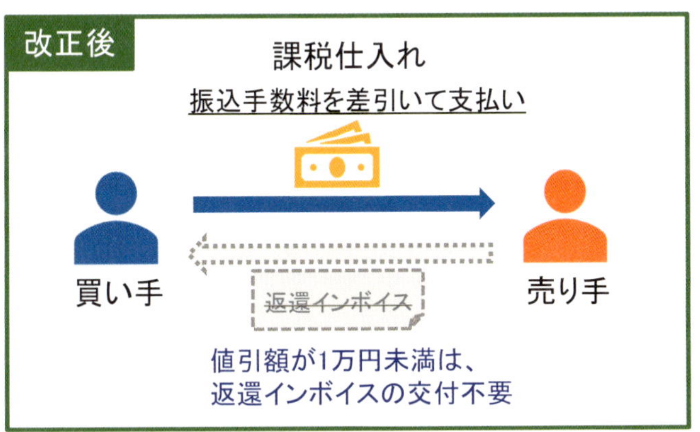

（例）売上1,000から振込手数料100を差引いて900を受取る場合の売り手の会計処理とインボイス

①売上値引として処理

預金	900	売上	1,000
売上値引	100		

➡適格返還請求書の交付が不要となる

②支払手数料として処理

預金	900	売上	1,000
支払手数料	100		

➡支払手数料の消費税課税区分を「課税仕入」とする場合は、買い手から適格請求書の交付を受ける必要がある
➡「対価返還等」とする場合は、適格返還請求書の交付が不要となる

○ 振込手数料分の値引きに対して、返還インボイスの交付が不要となる。
○ 売り手の会計処理と消費税課税区分に改正はないが、今回を機に見直すことも一考に値する。

適格請求書等保存方式に係る登録手続の見直し

減税

ポイント

○ 免税事業者が課税期間の初日から適格請求書発行事業者の登録を受けようとする場合には、その課税期間の初日から起算して15日前の日（改正前：1月前の日）までに登録申請書を提出しなければならないこととする。課税期間の初日後に登録がされたときでも、課税期間の初日に登録を受けたものとみなす。

○ 適格請求書発行事業者が翌課税期間の初日から登録を取り消そうとする場合にはその翌課税期間の初日から起算して15日前の日（改正前：課税期間の末日から起算して30日前の日の前日）までに届出書を提出しなければならないこととする。

○ 適格請求書発行事業者の登録等に関する経過措置の適用により、令和5年10月1日後に適格請求書発行事業者の登録を受けようとする免税事業者は、その登録申請書に、提出する日から15日を経過する日以後の日を登録希望日として記載するものとする。登録希望日後に登録がされたときでも、登録希望日に登録を受けたものとみなす。（消法57の2⑩）

	改正前	改正後
課税期間の初日から登録を受けようとする場合の申請期限	課税期間の初日の前日から起算して1月前の日	課税期間の初日から起算して15日前の日
課税期間の初日から登録を取り消そうとする場合の届出期限	前課税期間の末日から起算して30日前の日の前日	課税期間の初日から起算して15日前の日
適格請求書発行事業者の登録等に関する経過措置期間中※の登録日	登録完了日	申請書に記載した登録希望日 （提出する日から15日を経過する日以後の日）

※令和5年10月1日から令和11年9月30日までの日の属する課税期間

★チェック

○ 適格請求書発行事業者となるかどうかの検討期間が約15日間延長されたとともに、登録を受ける場合と取り消す場合の申請書等の提出期限のズレが解消された。

【参考】インボイス制度の主な経過措置等

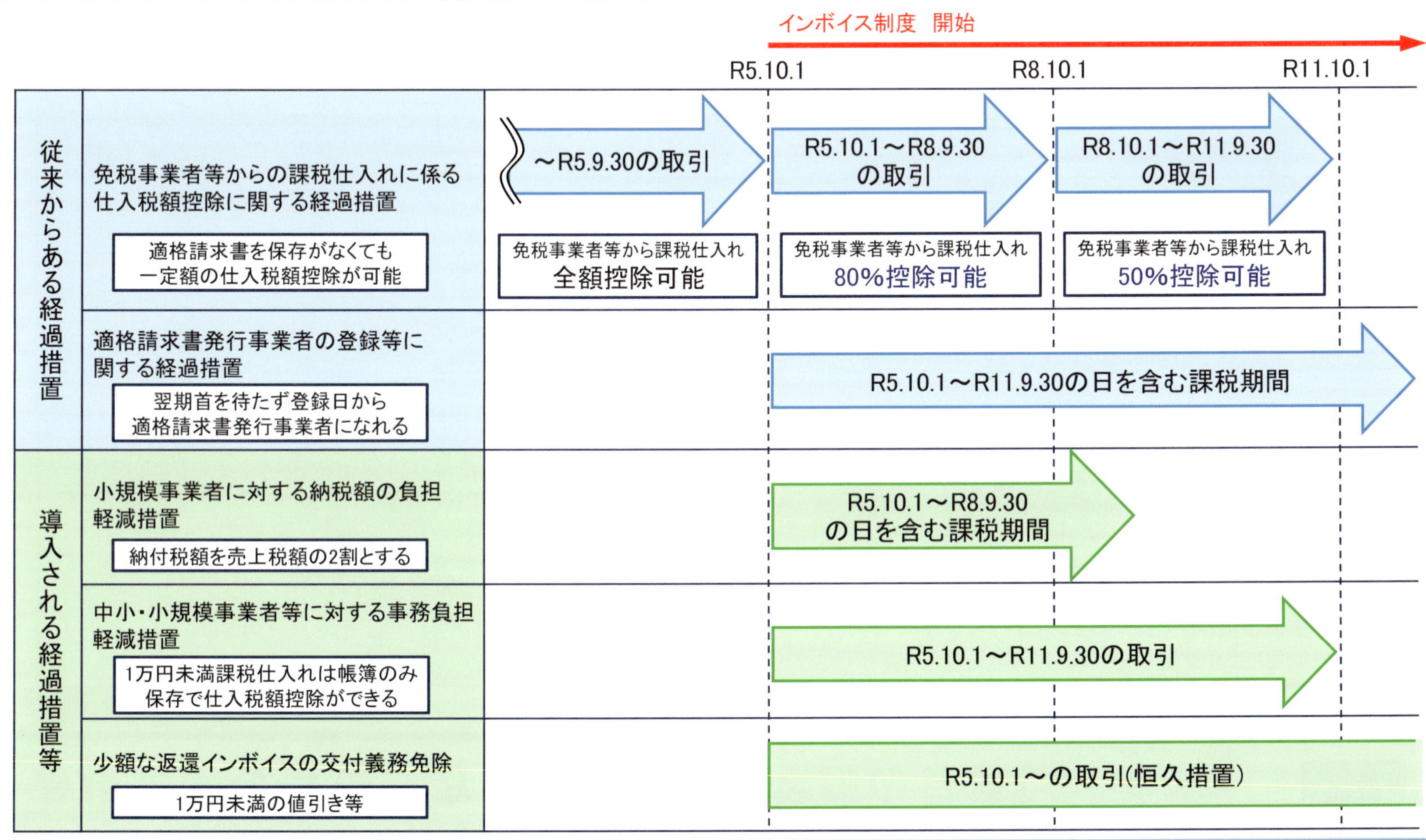

車体課税の見直し① ～概要～

増税　減税

ポイント

○ 自動車重量税のエコカー減税について、令和5年12月31日まで改正前制度を継続し、一定の見直しを行った上、その適用期限を令和8年4月30日まで延長する。
○ 自動車税環境性能割について、燃費性能の基準を引き上げる見直しを行う。
○ 自動車税種別割のグリーン化特例（軽課）について一定の見直しを行い、グリーン化特例（軽課）及びグリーン化特例（重課）の適用期限を3年延長し、令和8年3月31日までとする。
○ 自動車重量税について、自動車製作者等の不正行為に起因し納付不足額が発生した場合の自動車重量税の額は、納付不足額に35％（改正前：10％）を乗じて計算した金額を加算した金額とする。この自動車製作者等が納付した自動車重量税の額は、損金の額に算入しないこととし（自動車税環境性能割についても同様の措置を講ずる）、令和6年1月1日以後に法定納期限が到来する自動車重量税について適用する。

（措法90の12、90の12の2、地法149、157、地法附則12の2の10、12の2の12、12の3、改正法附則59、改正地法附則11）

＜参考＞ 自動車にかかる税金

	課税のタイミング	計算方法	特例措置
自動車重量税	車検を受けるとき	車両重量0.5トンごとに計算 （軽自動車は定額）	燃費性能に応じた 「エコカー減税」
自動車税環境性能割 軽自動車税環境性能割	自動車を取得したとき	通常の取得価額×税率 （税率は燃費性能に応じる）	―
自動車税種別割 軽自動車税種別割	自動車を所有しているとき （4月1日現在所有者）	排気量ごとの税率表による	排出ガス性能及び燃費性能に 応じた「グリーン化特例」

★チェック

○ 納車遅れの状況を踏まえて、自動車重量税のエコカー減税と自動車税・軽自動車税の環境性能割の税率区分については、改正前制度を令和5年12月まで据え置くこととされた。

車体課税の見直し②　～自動車重量税のエコカー減税～　増税　減税

＜乗用車の場合（軽油自動車、トラック・バスは割愛）＞

<table>
<tr><td rowspan="3">適用期間</td><td colspan="8">ガソリン車、LPG車</td><td rowspan="3">EV
FCV
PHV
CNG
※</td></tr>
<tr><td colspan="8">令和12年度燃費基準</td></tr>
<tr><td>60%</td><td>70%</td><td>75%</td><td>80%</td><td>90%</td><td>100%</td><td>120%</td><td>125%</td></tr>
<tr><td>改正前</td><td colspan="2" rowspan="2">▲25%</td><td colspan="2" rowspan="2">▲50%</td><td colspan="2" rowspan="3">免税
（1回目車検）</td><td colspan="3" rowspan="3">免税
（2回目車検まで）</td></tr>
<tr><td>令和5年5月～令和5年12月</td></tr>
<tr><td>令和6年1月～令和7年4月</td><td>対象外</td><td colspan="2">▲25%</td><td>▲50%</td></tr>
<tr><td>令和7年5月～令和8年4月</td><td colspan="2">対象外</td><td>本則税率</td><td>▲25%</td><td>▲50%</td><td colspan="2">免税
（1回目車検）</td><td colspan="2">免税
（2回目車検まで）</td></tr>
</table>

※EV・FCV・PHV・CNG　電気自動車・燃料電池自動車・プラグインハイブリッド自動車・天然ガス自動車

上記のほか、クリーンディーゼル車に対する改正前の取扱いも令和5年12月まで延長し、令和6年1月以降はガソリン車と同等に取り扱う。

車体課税の見直し③ ～環境性能割（自動車税・軽自動車税）～

増税　減税

＜乗用車の場合（軽油自動車、トラック・バスは割愛）＞

<table>
<tr><th colspan="2">自動車税</th><th colspan="8">ガソリン車、LPG車</th><th rowspan="3">EV・FCV・PHV・CNG</th></tr>
<tr><th colspan="2" rowspan="2">適用期間</th><th colspan="8">令和12年度燃費基準</th></tr>
<tr><th>60%</th><th>65%</th><th>70%</th><th>75%</th><th>80%</th><th>85%</th><th>90%</th><th>95%</th></tr>
<tr><td rowspan="2">改正前
令和5年4月～
令和5年12月</td><td>自家用</td><td colspan="3">2%</td><td colspan="2">1%</td><td colspan="4" rowspan="2">非課税</td></tr>
<tr><td>営業用</td><td>1%</td><td colspan="2">0.5%</td><td colspan="2">非課税</td></tr>
<tr><td rowspan="2">令和6年1月～
令和7年3月</td><td>自家用</td><td colspan="2">3%</td><td colspan="2">2%</td><td>1%</td><td colspan="4" rowspan="2">非課税</td></tr>
<tr><td>営業用</td><td colspan="2">1%</td><td colspan="2">0.5%</td><td>非課税</td></tr>
<tr><td rowspan="2">令和7年4月～
令和8年3月</td><td>自家用</td><td colspan="3">3%</td><td colspan="2">2%</td><td colspan="2">1%</td><td colspan="2">非課税</td></tr>
<tr><td>営業用</td><td colspan="2">2%</td><td colspan="2">1%</td><td colspan="2">0.5%</td><td colspan="3">非課税</td></tr>
</table>

<table>
<tr><th colspan="2">軽自動車税</th><th colspan="6">ガソリン車、LPG車</th><th rowspan="3">EV・FCV・PHV・CNG</th></tr>
<tr><th colspan="2" rowspan="2">適用期間</th><th colspan="6">令和12年度燃費基準</th></tr>
<tr><th>55%</th><th>60%</th><th>70%</th><th>75%</th><th>80%</th><th>85%</th></tr>
<tr><td rowspan="2">改正前
令和5年4月～
令和5年12月</td><td>自家用</td><td>2%</td><td colspan="2">1%</td><td colspan="4" rowspan="2">非課税</td></tr>
<tr><td>営業用</td><td>1%</td><td colspan="2">0.5%</td></tr>
<tr><td rowspan="2">令和6年1月～
令和7年3月</td><td>自家用</td><td colspan="2">2%</td><td colspan="2">1%</td><td colspan="3" rowspan="2">非課税</td></tr>
<tr><td>営業用</td><td>2%</td><td>1%</td><td colspan="2">0.5%</td></tr>
<tr><td rowspan="2">令和7年4月～
令和8年3月</td><td>自家用</td><td colspan="3">2%</td><td>1%</td><td colspan="3" rowspan="2">非課税</td></tr>
<tr><td>営業用</td><td colspan="2">2%</td><td>1%</td><td>0.5%</td></tr>
</table>

出典：国土交通省「令和5年度国土交通省税制改正概要」

車体課税の見直し④　～種別割のグリーン化特例～

増税　減税

＜グリーン化特例（軽課）＞

適用期間		ガソリン車、LPG車			EV・FCV・PHV・CNG
		令和12年度燃費基準			
		70%	80%	90%	
改正前 令和5年4月～令和7年3月	自家用	対象外			▲75%
	営業用	▲50% （軽自動車▲25%）		▲75% （軽自動車▲50%）	
令和7年4月～令和8年3月	自家用	対象外			
	営業用	対象外		▲75% （軽自動車▲50%）	

出典：国土交通省「令和5年度国土交通省税制改正概要」

＜グリーン化特例（重課）＞

適用期間	ガソリン車、LPG車	ディーゼル車	EV・FCV・PHV・CNG
改正前 令和5年4月～令和8年3月	新車登録から13年超	新車登録から11年超	対象外
	15%重課		

優良な電子帳簿の範囲の合理化・明確化

減税

ポイント

○ 国税関係帳簿書類の電磁的記録等による保存制度について、過少申告加算税の軽減措置の対象となる優良な電子帳簿の範囲を次のとおりとする。

○ 令和6年1月1日以後に法定申告期限等が到来する国税について適用する。

	優良な電子帳簿
改正前	仕訳帳、総勘定元帳＋その他必要な帳簿（すべて）
改正後	仕訳帳、総勘定元帳＋その他必要な帳簿（下記記載事項に係るものに限る）

次の事項の記載に係る帳簿
手形（融通手形を除く）上の債権債務に関する事項
売掛金（未収加工料その他売掛金と同様の性質を有するものを含む）その他債権に関する事項（当座預金の預入れ及び引出しに関する事項を除く）
買掛金（未払加工料その他買掛金と同様の性質を有するものを含む。）その他債務に関する事項
有価証券（商品であるものを除く）に関する事項 【法人税のみ】
減価償却資産に関する事項
繰延資産に関する事項
売上げ（加工その他の役務の給付その他売上げと同様の性質を有するもの等を含む）その他収入に関する事項
仕入れその他経費又は費用に関する事項 【法人税では、賃金、給料手当、法定福利費及び厚生費を除く】

【優良な電子帳簿の対象外の例】
・現金出納帳
・当座預金出納帳
・固定資産、繰延資産以外の資産台帳

★チェック

○ 経費と有価証券に関する事項については、法人税と所得税では範囲が異なる。
○ 経理部の統制の及ばないことが多い賃金台帳が、整備すべき帳簿書類の範囲から除外される。

国税関係帳簿書類の保存要件（改正前と改正点）

要件	概要	国税関係帳簿		国税関係書類
	範囲の見直し	優良電子帳簿（※1）	一般電子帳簿	自己が作成した書類
関係書類備付	システム関係書類等（概要書、仕様書、操作説明書、事務処理マニュアル等）を備え付けること	○	○	○
見読可能性	保存場所に、電子計算機、プログラム、ディスプレイ、プリンタ及びこれらの操作マニュアルを備え付け、画面と書面に整然とした形式及び明瞭な状態で速やかに出力できるようにしておくこと	○	○	○
訂正削除履歴	記録事項の訂正・削除を行った場合には、これらの事実及び内容を確認できること	○	―	―
	通常の業務処理期間を経過した後に入力を行った場合には、その事実を確認できること	○	―	―
相互関連性	電子帳簿の記録事項とその帳簿に関連する他の帳簿の記録事項との間において、相互にその関連性を確認できること	○	―	―
検索機能	取引年月日その他の日付を条件として検索できること 日付の範囲指定により検索できること	―	―	○ （★を満たす場合は不要）
	取引年月日、取引金額、取引先により検索可能 日付又は金額の範囲指定により検索可能 2以上の任意の記録項目を組み合わせた条件で検索可能	○ （★を満たす場合は不要）	―	―
	税務職員によるダウンロードの求めに応じることができる	★	○	★

※1　過少申告加算税5%控除、青色申告特別控除65万円（仕訳帳及び総勘定元帳）の要件

スキャナ保存制度の要件見直し

ポイント

○ 国税関係書類に係るスキャナ保存制度について、次の見直しを行う。
① 国税関係書類をスキャナで読み取った際の解像度、階調及び大きさに関する情報の保存要件を廃止する。
② 国税関係書類に係る記録事項の入力者等に関する情報の確認要件を廃止する。
③ 相互関連性要件について、国税関係書類に関連する国税関係帳簿の記録事項との間において、相互にその関連性を確認することができるようにしておくこととされる書類を、契約書・領収書等の重要書類に限定する。

○ 令和6年1月1日以後に保存が行われる国税関係書類について適用する。

＜スキャナ保存制度の要件＞

要　件	改正前	改正後
入力期間の制限	○	○
解像度等	○	○
タイムスタンプ	○	○
読取情報の保存	○	－
バージョン管理	○	○
入力者等の情報	○	－
相互関連性	○	△（※重要書類に限定）
見読可能装置の備付等	○	○
処理システム概要書の備付	○	○
検索機能の確保	○	○

スキャナ保存制度の要件（改正前と改正点）

要件	重要書類：資金や物の流れに直結連動する書類 （例）契約書、納品書、請求書、領収書など	一般書類：資金や物の流れに直結連動しない書類 （例）見積書、注文書、検収書など
入力期間の制限	①早期入力方式　作成又は受領後、速やか（おおむね7営業日以内）に行うこと ②業務処理サイクル方式（事務処理の規定がある場合）業務の処理に係る通常の期間（最長2か月以内）を経過した後、速やか（おおむね7営業日以内）に行うこと	
		③適時入力方式　適時に入力
解像度等	解像度が200dpi相当以上でカラー	グレースケールでもよい
タイムスタンプ	入力期間内に一の入力単位ごとにタイムスタンプを付す（タイムスタンプはデータが変更されていないことについて保存期間を通じて確認することができ、任意の期間で一括検証することができるものに限る） タイムスタンプに代えて、時刻証明機能を備える訂正削除履歴の残るシステムに保存することも可	
読取情報の保存　廃止	読み取った際の解像度、階調及び書類の大きさに関する情報を保存すること	
		大きさ情報の保存は不要
バージョン管理	記録の訂正又は削除を行った場合にその事実及び内容を確認可、又は訂正又は削除ができない処理システムを使用	
入力者等の情報　廃止	入力者又はその者の直接監督者の情報が確認できること	
相互関連性　重要書類に限定	保存データとそのデータに関連する国税関係帳簿の記録事項との間に相互に関連性を確認できるようにすること	
見読可能装置の備付等	14インチ以上のカラーディスプレイ、カラープリンタ並びに操作説明書を備え付けること 保存データを次の状態で速やかに出力できること 整然とした形式、書類と同程度に明瞭、拡大縮小可能、4ポイント以上の大きさ	※グレースケールの一般書類はカラー不要
処理システム概要書の備付	システム関係書類等（概要書、仕様書、操作説明書、事務処理マニュアル等）を備え付けること	
検索機能の確保	①取引年月日、取引金額、取引先により検索可能 ②日付又は金額の範囲指定により検索可能 ③2以上の任意の記録項目を組み合わせた条件により検索可能	※税務職員による質問検査権に基づくダウンロードの求めに応じることができる場合②③は不要

電子取引に係る電子データ保存制度の要件の見直し①

ポイント

○ 電子取引の取引情報に係る電磁的記録の保存要件について、次の措置を講ずる。
(1)保存義務者が国税庁等の当該職員の質問検査権に基づく電磁的記録のダウンロードの求めに応じることができるようにしている場合の検索要件の全てを不要とする措置の対象者を次のとおりとする。
① その判定期間における売上高が5,000万円以下(改正前:1,000万円以下)である保存義務者
② その電磁的記録の出力書面(整然とした形式及び明瞭な状態で出力され、取引年月日その他の日付及び取引先ごとに整理されたものに限る。)の提示又は提出の求めに応じることができるようにしている保存義務者
(2)電磁的記録の保存を行う者等に関する情報の確認要件を廃止する。
○ 所轄税務署長が電子取引の取引情報に係る電磁的記録を保存要件に従って保存をすることができなかったことについて相当の理由があると認め、かつ、電磁的記録のダウンロードの求め及び電磁的記録の出力書面(整然とした形式及び明瞭な状態で出力されたものに限る。)の提示又は提出の求めに応じることができるようにしている場合には、その保存要件にかかわらず、その電磁的記録の保存をすることができることとする。
○ 令和6年1月1日以後に行う電子取引の取引情報に係る電磁的記録について適用する。
○ 電子取引の取引情報に係る電磁的記録の保存への円滑な移行のための宥恕措置(出力書面による保存)は、令和5年12月31日の適用期限の到来をもって廃止する。

★チェック

○ 令和5年12月31日をもって出力書面のみの保存は認められなくなる。
○ 新たな猶予措置として、ダウンロードと出力書面の求めに応じることができれば、保存要件を満たさない電子データ保存が認められるようになる。
○ 取引年月日等ごとに整理した出力書面の提示ができれば検索要件は不要となる保存方法が新設されたが、タイムスタンプ等の改ざん防止の要件は必要である。

電子取引に係る電子データ保存制度の要件の見直し②

電子取引のデータ保存要件は、下記の4パターンとなる

要件	原則	新猶予措置（新設）	小規模な事業者（判定期間※における売上高が 5,000万円以下）	小規模な事業者以外
真実性の要件	○	―	○	○
見読可能性	○	―	○	○
検索機能確保の要件	○	―	―	― （改正前は一部○）
システム概要書の備付	○	―	○	○
その他要件	―	税務職員によるダウンロードの求めに応じる 出力書面の提示又は提出の求めに応じる	税務職員によるダウンロードの求めに応じる	税務職員によるダウンロードの求めに応じる 出力書面（取引年月日その他の日付及び取引先ごとに整理）の提示又は提出の求めに応じる

※判定期間

① 個人事業者：電子取引を行った日の属する年の1月1日から12月31日までの期間

② 法人：電子取引を行った日の属する事業年度

電子取引のデータ保存制度の要件（改正前と改正点）

<table>
<tr><th>要　件</th><th colspan="3">概要</th></tr>
<tr><td>真実性の要件</td><td colspan="3">次のいずれかの措置を行うこと
①タイムスタンプが付された後、当該取引情報の授受を行う
②取引情報の授受後、速やかに（又はその業務の処理にかかる通常の期間を経過した後、速やかに）タイムスタンプを付すとともに、~~保存を行う者又は監督者に関する情報を確認できるようにしておく~~ ➡ **要件削除**
③記録事項の訂正及び削除を行った場合にこれらの事実及び内容を確認できるシステム又は記録事項の訂正及び削除を行うことができないシステムで取引情報の授受及び保存を行う
④正当な理由がない訂正及び削除の防止に関する事務処理の規程を定め、その規程に沿った運用を行う</td></tr>
<tr><td>見読可能性</td><td colspan="3">保存場所に電子計算機、プログラム、ディスプレイ、プリンタ及びこれらの操作説明書を備え付け、画面及び書面に整然とした形式及び明瞭な状態で、速やかに出力することができるようにしておくこと</td></tr>
<tr><td rowspan="4">検索機能確保の要件</td><td colspan="3">①取引年月日、取引金額、取引先により検索できること
②日付又は金額の範囲指定により検索できること
③2以上の任意の記録項目を組み合わせた条件により検索できること</td></tr>
<tr><td colspan="2">税務職員によるダウンロードの求めに応じることができること</td><td>左以外</td></tr>
<tr><td>小規模な事業者
基準期間（2期前）における売上高が
~~1,000万円以下~~である事業者
➡ **5,000万円以下**</td><td>小規模な事業者以外
➡ **要件見直し**</td><td>－</td></tr>
<tr><td>要件なし
（全て不要）</td><td>①
（②③は不要） ➡ **要件なし（全て不要）**</td><td>①②③</td></tr>
<tr><td>システム概要書の備付</td><td colspan="3">電子計算機処理システムの概要書を備え付けること</td></tr>
</table>

※上記にかかわらず、令和5年12月31日までは、やむを得ない事情（システム対応が間に合わない等）がある場合には、出力書面による保存を認める。

➡ **適用期限をもって廃止し、新たな猶予措置を創設**

【参考】電子帳簿保存法の全体像

制度区分	名称区分		対象書類、対象データ	保存方法
電子帳簿等保存制度	国税関係帳簿		（法人税・所得税） 総勘定元帳、仕訳帳、現金出納帳、売掛金元帳、固定資産台帳、売上帳、仕入帳	コンピュータ上で作成データのまま保存
電子帳簿等保存制度	国税関係書類	自己が一貫してコンピュータで作成発行した書類	契約書、請求書控、領収書控ほか	コンピュータ上で作成データのまま保存
電子帳簿等保存制度	国税関係書類	自己が一貫してコンピュータで作成発行した書類	棚卸表、貸借対照表、損益計算書、その他の決算関係書類	コンピュータ上で作成データのまま保存
対象外	国税関係書類	自己が手書きで作成発行した書類	棚卸表、貸借対照表、損益計算書、その他の決算関係書類	紙のまま保存
スキャナ保存制度	国税関係書類	自己が手書きで作成発行した書類	契約書　請求書　領収書　納品書 注文書　送り状　検収書　ほか	スキャンデータを保存
スキャナ保存制度	国税関係書類	相手方から受領した書類	契約書　請求書　領収書　納品書 注文書　送り状　検収書　ほか	スキャンデータを保存
電子取引のデータ保存制度	電子取引による記録 （自己が作成発行したか、相手方から受領したかを問わない）		EDI取引記録　ECサイト取引記録 メール・Web添付の請求書・見積書等、電子契約ほか	受領又は発行したデータのまま保存

無申告加算税の加重措置

増税

ポイント

○ 増差税額が300万円を超える部分の無申告加算税の割合を30%(改正前:15%(納付すべき税額が50万円を超える部分は20%))へ引き上げる。

○ 調査通知以後に、かつ、その調査があることにより更正予知前になされる増差税額が300万円を超える部分の無申告加算税の割合を25%(改正前:10%(納付すべき税額が50万円を超える部分は15%))とする。

○ 前年度及び前々年度の国税について無申告加算税又は無申告加算税に代えて課される重加算税を課される者が、更なる無申告行為に対して課される無申告加算税又は重加算税を、10%加重する措置の対象に加える。

○ 令和6年1月1日以後に法定申告期限が到来する国税について適用する。　(国通法66、改正法附則23③)

＜高額な無申告に対する無申告加算税の割合引き上げ＞

増差税額	50万円以下	50万円超	改正後 300万円超
無申告加算税	15%	20%	30% (一定の場合は20%)
重加算税	40%		

【一定の場合】
納税者の責めに帰すべき事由がない場合
(例) 他の相続人の財産が事後的に発覚した場合など

＜繰り返し行われる無申告行為に対する無申告加算税又は重加算税の加重措置＞

	改正前	改正後
10%加算の要件	過去5年内に、無申告加算税(更正・決定予知されたものでない場合を除く)又は重加算税を課されたことがあるとき	
	—	前年度及び前々年度の国税について、無申告加算税又は重加算税を課される者が、更なる無申告行為に対して無申告加算税又は重加算税を課されるとき

★チェック

○ 普段確定申告を要しない人に、為替差益や国外転出時課税のような臨時的な所得が発生した場合や贈与税の申告義務がある場合については、税理士の関与があっても無申告となり得るため注意が必要である。

納税環境整備に関するその他の改正項目①

減税

ダイレクト納付の利便性の向上

ポイント

○ 電子情報処理組織を使用する方法（e-Tax）により行われる期限内申告等と併せてダイレクト納付の手続が法定納期限に行われた場合（その税額が1億円以下である場合に限る。）において、法定納期限の翌日にその納付がされたときは、法定納期限に納付があったものとみなして、延滞税等に関する規定を適用するほか、これに伴う所要の措置を講ずる。

○ この改正は、令和6年4月1日以後に行うダイレクト納付の手続について適用する。　（国通法34、改正法附則1①四ハ）

スマートフォン用電子証明書を利用したe-Taxの利便性の向上

ポイント

○ 電子情報処理組織を使用する方法（e-Tax）により申請等を行う際に送信すべき電子証明書の範囲に、スマートフォンに搭載された署名用電子証明書を加えるとともに、利用者証明用電子証明書が搭載されたスマートフォンを用いて電子情報処理組織を使用する方法により申請等又は国税の納付を行う際に、識別符号及び暗証符号の入力を要しないこととする等の所要の措置を講ずる。

○ この改正は、令和7年1月1日以後に行う申請等又は同日以後に行う国税の納付について適用する。

クラウド等を利用した給与支払報告書等の提出方法の整備

ポイント

○ 国税において可能とされているクラウド等を利用した支払調書等の提出方法について、同様の方法により個人住民税においても給与支払報告書等の提出を行うことができることとする。

○ この改正は、令和5年4月1日から施行し、eLTAXのシステム面も含めた実務的な準備が整い次第対応する。

（地法317の6、改正地法附則14④）

納税環境整備に関するその他の改正項目②

増税

税理士等でない者が税務相談を行った場合の命令制度の創設等

ポイント

○ 財務大臣は、税理士又は税理士法人でない者が税務相談を行った場合（税理士法の別段の定めにより税務相談を行った場合を除く。）において、更に反復してその税務相談が行われることにより、不正に国税若しくは地方税の賦課若しくは徴収を免れさせ、又は不正に国税若しくは地方税の還付を受けさせることによる納税義務の適正な実現に重大な影響を及ぼすことを防止するため緊急に措置をとる必要があると認めるときは、その税理士又は税理士法人でない者に対し、その税務相談の停止その他その停止が実効的に行われることを確保するために必要な措置を講ずることを命ずることができることとする。

○ 財務大臣は、この命令をしたときは、遅滞なくその旨を、相当と認める期間（命令を受けた日から概ね3年間）、インターネットで公開するとともに、官報をもって公告しなければならない。

○ 国税庁長官は、この命令をすべきか否かを調査する必要があると認めるときは、質問検査等ができることとし、拒否又は虚偽答弁等については罰則を設ける。

○ この命令について、命令違反に対する罰則（1年以下の懲役又は100万円以下の罰金）を設ける。

○ 令和6年4月1日から施行する。

（税理士法54の2、改正法附則1①四ホ）

少額減価償却資産等に係る規定の整備

ポイント

○ 令和4年度税制改正により、国税における少額の減価償却資産の取得価額の損金算入制度及び一括償却資産の損金算入制度について、対象資産から貸付け（主要な事業として行われるものを除く。）の用に供した資産を除外するとされたことに伴い、償却資産に係る固定資産税について、これに準じて所要の措置を講ずる。

防衛力強化に係る財源確保のための税制措置

増税

ポイント

- ○ 防衛力の抜本的な強化を行うに当たり、令和9年度に向けて複数年かけて段階的に実施することとし、令和9年度において、1兆円強を確保する。
- ○ 法人税額に対し、税率4～4.5%の新たな付加税を課す。中小法人に配慮する観点から、課税標準となる法人税額から500万円を控除することとする。
- ○ 所得税額に対し、当分の間、税率1%の新たな付加税を課す。
- ○ 復興特別所得税の税率を1%引き下げるとともに、課税期間を延長する。延長期間は、復興事業の着実な実施に影響を与えないよう、復興財源の総額を確実に確保するために必要な長さとする。
- ○ たばこ税について、3円／1本相当の引上げを、国産葉たばこ農家への影響に十分配慮しつつ、予見可能性を確保した上で、段階的に実施する。
- ○ 以上の措置の施行時期は、令和6年以降の適切な時期とする。

法人税	中小法人は500万円課税標準から控除⇒所得金額約2,400万円超で付加税発生。 以降税額に対して4～4.5%（所得に対して約1%）追加課税。 全法人の6%弱に追加負担が生ずる見込み。

所得税	もともと令和19年まで、復興特別所得税として税率2.1%。 防衛増税期間中は復興特別所得税1.1%、防衛増税1%。 復興特別所得税は軽減期間に応じて課税期間が延長される。

★チェック

- ○ 特別償却を適用すべきかどうかなどのような、増税前後のタックスプランニングが重要になる。
- ○ 所得税における防衛力強化のための増税中は、復興特別所得税が軽減される。